HENRY RIES ICH WAR EIN BERLINER

Erinnerungen eines New Yorker Fotojournalisten

HENRY RIES ICH WAR EIN BERLINER

Erinnerungen eines New Yorker Fotojournalisten

Parthas

All photographs dating from 1947 through 1950 were taken by
Henry Ries during his tenure as a New York Times staff photojournalist.
They are herein reprinted with the permission of The New York Times.
This does not include portraits of famous personalities
which were taken by Mr. Ries upon his own initiative.

Die Deutsche Bibliothek - CIP-Einheitsaufnahme
Ries, Henry:
Ich war ein Berliner / Henry Ries - 1. Aufl. - Berlin : Parthas-Verl., 2001
ISBN 3-932529-31-6

Herausgeber: Parthas Verlag GmbH
Lektorat: Dagmar Friedrich
Redaktion und Fotoauswahl: Gisela Kayser
Gestaltung: Vera Pechel
Herstellung: Offizin Andersen Nexö, Leipzig
Gedruckt in Leipzig

Die Erstveröffentlichung des Textes auf den Seiten 85-87 erfolgte in:
Henry Ries, Abschied meiner Generation, Argon Verlag, Berlin 1992,
und des Textes auf Seite 91 in: Henry Ries, Berlin. Photographien 1946-1949,
Nicolaische Verlagsbuchhandlung, Berlin 1998.
Wir danken beiden Verlagen für die freundliche Abdruckgenehmigung.

Für meine Frau Wanda.
Ohne sie wäre dieses Buch nicht entstanden.

Inhalt

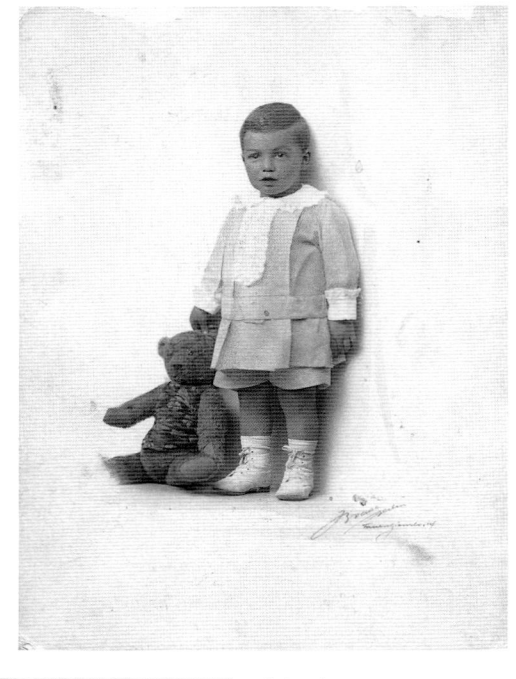

links oben:
Kurt, Steffi und ich 1926

oben:
Mein Teddybär und ich 1918

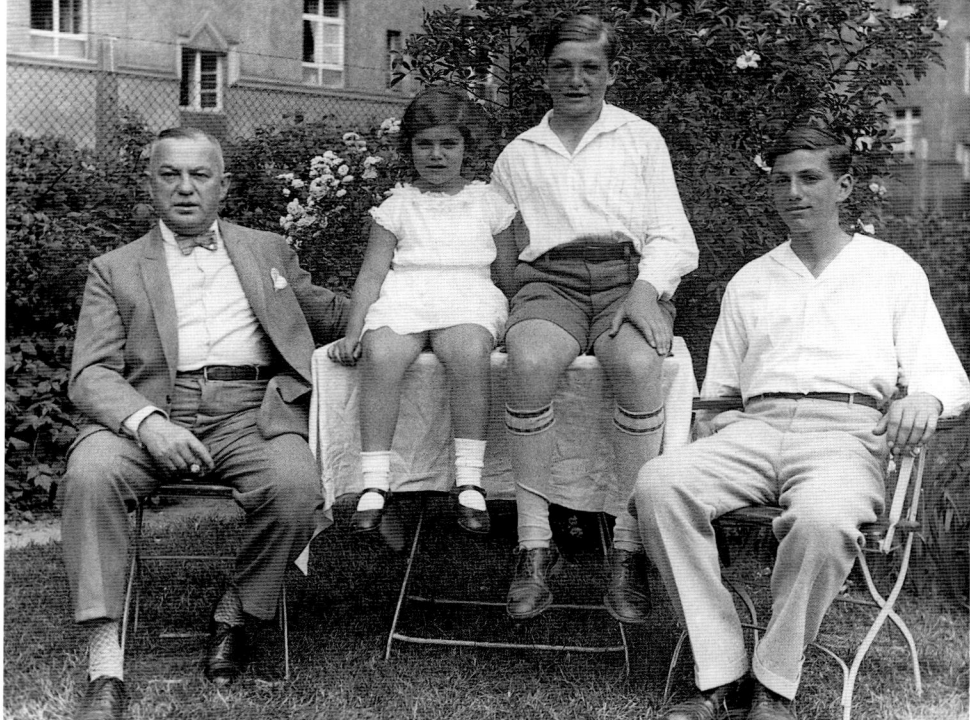

Vati, Steffi, ich und Kurt 1929

Wann wird der Storch kommen?

Mutti mit mir, Steffi und Kurt 1924

„Wir müssen noch etwas Geduld haben, mein Junge", sagt Mutti. – Vielleicht streue ich nicht genug Zucker und der Storch kann von da oben nicht richtig sehen und dann sieht er nicht den Zucker auf dem Fensterbrett und dann fliegt er vorbei und bringt das Baby vielleicht zu einer anderen Mutti und vielleicht ... ? – „Komm Heinz, setz dich ganz ruhig und vorsichtig an mein Bett."

Mutti liegt in einem großen Bett. Vati hat sein eigenes Schlafzimmer. Kurt und ich haben auch unsere eigenen Betten. Bevor wir schlafen gehen – und wir sind beide Nackedeis – und unsere Erzieherin – die heißt Fräulein Schönfeld, aber wir nennen sie Fräuchen – und sie ist in ihrer Unterwäsche und muss uns fangen, wenn Kurt und ich über unsere Betten springen – und wir rennen immer im Kreis herum, bis Fräuchen uns erwischt und uns in unsere Betten bugsiert – und wir sind alle außer Puste – und wir können besser schlafen, weil wir richtig müde sind – und weil Fräuchen wie ein Junge ist und nicht wie diese ekelhafte französische Gouvernante, die sagte, ich könnte auf Kommando furzen, und Kurt und ich lachten uns tot – und ...

Sonntags früh dürfen Kurt und ich in Vatis Bett kriechen, und er erzählt Rübezahlgeschichten, und wenn es besonders interessant wird, dann schläft er ein und schnarcht, und wir kitzeln ihn, weil wir mehr von Rübezahl und vom Riesengebirge hören wollen.

In den Weihnachtsferien fuhren wir zum Skilaufen ins Riesengebirge. Einmal konnte Mutti nicht richtig bremsen. Sie schlitterte in einen Holzzaun. Das muss furchtbar weh getan haben. Mir passierte auch etwas. Ich plumpste mit meinen Skiern in ganz tiefen Schnee. Mutti fand mich und half mir aus der Grube. Es war eine Jauchegrube. Ich stank fürchterlich. Kurt war gemein und lachte. Vati auch! Fräuchen riecht auch nicht gut. Kurt sagt, sie stinkt aus dem Mund wie die Kuh aus dem Arsch. Das ist gemein, aber wahr.

Ich höre Mutti stöhnen. Ich darf nicht in ihr Zimmer gehen. Onkel Doktor ist bei Mutti. Ich horche auf dem Korridor. Fräuchen sagt, ich brauche keinen Zucker mehr aufs Fensterbrett zu streuen. Ich höre Mutti so laut stöhnen. Ich habe Angst. Hat der Storch ihr weh getan?

Am Nachmittag dürfen Kurt und ich Mutti besuchen. Onkel Doktor ist immer noch bei Mutti. Wir dürfen ihr einen Kuss geben. Muttis Baby liegt in einer Krippe. Es heißt Steffi. Schön sieht es wirklich nicht aus. Ausserdem schreit es andauernd. Mutti sieht sehr müde aus.

Bei den Großeltern

Sieben Jahre lang, bevor der Storch seine Schuldigkeit getan hatte, war ich das jüngste Enkelkind der Familie Wiener. Die Großeltern wohnten in der Budapester Straße genau gegenüber dem Elefantentor-Eingang zum Zoo. Manchmal spendierte Omutti einen Besuch bei den lebenden Elefanten. Einmal waren Kurt und ich dabei, als ein Wärter den Elefanten fütterte und das riesige Tier das Heu mit seinem riesigen Rüssel in sein riesiges Maul beförderte. Plötzlich sah ich, wie der Elefant noch einen etwas kleineren Rüssel unter seinem Bauch entfaltete. „Omutti, schau mal, der Elefant hat zwei Rüssel!" Omutti wurde blass und tat, als ob sie nichts gesehen hätte. „Ich werde dir das später erklären." Kurt lachte laut. Die anderen Besucher kicherten.

Bei den Großeltern um die Ecke spielte Vati jeden Sonntag im Brüderverein Skat. Kurt und ich mussten ihn immer abholen, damit wir pünktlich bei Omutti und Opapi zum Essen erschienen. Wir drängelten: „Vati, wir müssen jetzt los!" Aber Vati wollte noch nicht aufhören: „Eine letzte Runde." Wir drängelten noch einmal: „Vati, wir müssen pünktlich um zwei ..." Vati machte weiter: „Nur noch eine!" Wir: „Vati, jetzt müssen wir aber unbedingt ..." Vati: „Die allerletzte!" Endlich zerrten wir Vati aus seinem Verein und dann um die Straßenecke die Marmortreppe hinauf, wo ein Dienstmädchen in der offenen Tür schon auf uns wartete. Omutti schaute auf ihre Uhr, dann auf Vati. „Deine Söhne haben dich also wieder pünktlich hergebracht. Jetzt aber schnell ins Esszimmer mit euch!"

Als Jüngster hatte ich mich am Ende des langen Esstischs zu benehmen. Opapi thronte am anderen Ende. Zwischen uns speiste der Rest der gut erzogenen Familie und sprach von Dingen, die mir ein Rätsel blieben, und lachte leise über Witze, die ich auch nicht verstand. Manchmal weinte Tante Hedi, weil ihre Tochter Karla hinter ihr im Rollstuhl sich vergeblich bemühte, etwas zu sagen. Keiner konnte ihr Gemurmel verstehen. Die Kinderlähmung hatte ihr auch die Fähigkeit deutlich zu sprechen geraubt. Wenn Opapi mit Vati und Onkel Jorsch, seinem anderen Schwiegersohn, debattierte und das Dienstmädchen im Esszimmer erschien, wisperte Omutti: „Pssst! La domestique!" Das verstand ich auch nicht.

Kurz vor der Nachspeise kam der folgenschwere Moment. Muttis und Tante Ellis Augen bohrten sich in die Augen ihrer Söhne mit der unausgesprochenen Warnung: Ihr dürft auf keinen Fall lachen! Währenddessen sahen und hörten wir bereits, wie Opapi sich bemühte, laut zu rülpsen. Trotz der mütterlichen Warnung konnten wir vier uns nicht beherrschen und wurden daraufhin prompt vom Tisch verbannt. Diese Zeremonie wiederholte sich jeden Sonn- und Feiertag: Essen – Rülpsen – Lachen – Verbannung. Die Köchin wartete schon auf uns, um den Nachtisch in der Küche zu servieren.

Nach diesem wöchentlichen Ritual verschwand der Rest der Familie in diversen Schlafzimmern am Ende des langen Korridors, während Hans und Günter, meine Cousins, sowie Kurt und ich das große Herrenzimmer beschlagnahmten, um Fußball zu spielen. Als Fußball diente uns ein kleiner Gummipolizist, der quietschte, wenn wir Tore schossen. Das Herrenzimmer war durch zwei Vorhänge vom Wohnzimmer und dem sogenannten „Heiligen Raum" abgetrennt, in dem Opapi eine Thorarolle, silberne Pokale und diverse jüdische Objekte aufbewahrte, um Besuchern zu imponieren. Um Tore zu schießen, mussten wir erst die Vorhänge zur Seite schieben. Plötzlich landete der quietschende Sipo in einer Kristallvase, die in tausend Scherben zerbrach. Wir versteckten sie so gut wie möglich. Wenn nach dem Fußballspiel ein Kirsch- oder Pflaumenkuchen auf uns wartete, sammelten wir die Kerne und füllten damit die silbernen Pokale.

Im Rückblick muss ich sagen: Wir waren verwöhnt und frech, aber wir hatten Humor und damit waren wir in unserer Familie nicht allein. Selbst der Großvater hatte bei aller Strenge auch Humor – soweit der Spaß nicht auf seine Kosten ging. Ein Beispiel war die Spieluhr in der großen vorderen Toilette – alles war groß beim Großvater: Sobald man sich auf die Klobrille setzte, erklang das Deutschlandlied. Wie konnte man unter solchen Umständen sitzen bleiben?!

Erste Schultage und letzter Besuch bei meiner Mutti

Mein erster Schultag 1923

Kurz nach Ostern 1923, begleitet von unserer damaligen Erzieherin – wir hatten diverse, denen Kurt und ich oft und gerne das Leben schwer machten – , stellte ich mich bei Fräulein Liebeskind in ihrer Einzimmer-Privatschule, Augsburger Straße 29, vor, wo sie mich freundlich lächelnd einem kleinen Kreis von Leidensgenossen präsentierte. Mutti hatte mir bereits dreimal den kurzen Weg zur Schule beschrieben und gezeigt, bestand aber darauf, dass ihr jüngerer und dümmerer Sohn hin- und zurückgebracht wurde. Sie erwartete mich bereits im sogenannten Spielzimmer, wo Kurt und ich unsere Hausaufgaben machen mussten – an einem furchterregenden Katheder. Kurt nannte das Ding unser „elektrisches Pult".

Mutti fragte mich, was ich an meinem ersten Schultag gelernt hätte. „Wie man ein i schreibt." „Und wie schreibt man das?" „Strich rauf, Strich runter, Strich rauf und ein Pünktchen drauf." „Und was ist deine Hausarbeit?" „Eine ganze Seite i schreiben." „Dann fang also an!" Ich fing an. Mutti stand hinter mir. Ich konnte ihren Atem im Nacken fühlen. Ich wurde unsicher, und meine Hand begann zu zittern. Mutti fragte, warum ich so zittere. Meine Hand zitterte um so mehr. Ich bekam eine Ohrfeige. Ich weiß nicht mehr, wie es endete.

Vier Jahre später musste ich im Schiller-Realgymnasium eine schriftliche und mündliche Aufnahmeprüfung bestehen. Mutti hatte mich mit allen möglichen und unmöglichen Fragen geimpft. Sie war aufgeregter als ich. Nach ungefähr einer Stunde schriftlicher Prüfung wurden wir 50 Bewerber in die Aula geführt, wo uns der Herr Direktor begrüßte und informierte, dass drei von uns die mündliche Prüfung nicht machen müssten, weil sie die schriftliche vollständig bestanden hätten und darum nach Hause gehen düften. Zum Erstaunen aller Anwesenden stand ich auf. „Und was hast du vor?", fragte der Herr Direktor und wollte meinen Namen wissen. „Heinz Ries, Herr Direktor." War der aber erstaunt von meiner Gewissheit! Ich setzte meinen Schulranzen auf und verließ die Aula.

Mutti saß am Schreibtisch im verqualmten Herrenzimmer, als ich nach Hause kam. Sie drückte den Rest ihrer Zigarette aus und sah mich enttäuscht an: „Ich hab's ja gewusst, sie haben dich rausgeschmissen." Es dauerte ein paar Minuten, bis es mir gelang, Mutti davon zu überzeugen, dass ich im Gegenteil sogar früher gehen durfte, weil ich alles bestanden hatte. Als Belohnung durfte ich unten in der Meinekestraße Rollschuh laufen. Während ich meine Rollschuhe anschnallte, beugte sich Mutti zu mir herunter, streichelte meinen Kopf und flüsterte leise: „Ich bin sehr stolz auf dich."

Drei Jahre später, am 12. Oktober 1930, drei Wochen nach meinem 13. Geburtstag, starb Mutti. Vati fragte meinen Bruder und mich, ob wir Mutti zum letzten Mal sehen möchten. Ich wollte aber nicht mit Kurt ins Schlafzimmer gehen. Wahrscheinlich hatte ich Angst. Weitere sieben Jahre später, kurz vor meiner Auswanderung, gab Fräuchen mir ein Kuvert, auf dem handgeschrieben stand: „An meinen Mann". Ich begann, Muttis dreiseitigen Brief zu lesen: „Mein geliebter Max! Wenn Du diese Zeilen liest, habe ich mich mit Medinal vergiftet. ... Ich gehe, weil ich allen zur Last falle. Mein Leben ist kein

Meine Mutti 1929

Leben wert, nur Menschen, die ihre Pflichten erfüllen können, haben ein Recht zu leben! ... Nur den Kindern soll man sagen, ich habe einen Herzschlag bekommen. Max, das ist die letzte Bitte, die ich habe! Die Kinder sollen die Wahrheit nicht wissen! Ich war Dir treu bis zum Tode, Max, das Bewusstsein darfst Du haben! Es küsst Dich und unsere Kinder, Deine Marthel."

Kurz nach meiner Rückkehr aus Amerika nach dem Krieg wollte ich – musste ich – meine Mutti besuchen. Das Büro auf dem jüdischen Friedhof in Weissensee, damals im sowjetischen Sektor von Berlin, gab mir Auskunft: „Feld D VII, Reihe 11". Ein großer Teil des Friedhofs war von amerikanischen und englischen Bomben verwüstet worden. Das machte mein Suchen nicht leicht. Noch schwieriger war es, Muttis Grabstein in Reihe elf zu finden. Endlich entdeckte ich den umgefallenen schlichten Stein im wuchernden Unkraut.

Die begrabene Vergangenheit warf in mir viele Fragen auf: Warum begeht eine 30jährige Mutter von drei gesunden Kindern Selbstmord am Grab ihres Vaters? Fühlte sie sich von ihm vernachlässigt? Oder von ihrem Mann, unserem Vati? Hatte Vati während seiner fast wöchentlichen Abwesenheit als Mitinhaber einer Wäschefabrik zu häufig unternehmungslustige Affären? Waren es Kränkungen oder Enttäuschungen oder beides, die sie in die Verzweiflung und in den Selbstmord trieben? Und warum dieses Gefühl der Wertlosigkeit?

Nicht weit entfernt fand ich den fast zwei Meter hohen schwarzen, leicht gewölbten Marmorgrabstein von Muttis strengem, ver-

ehrten Vater, Robert Wiener. Er war der Einzige in unserer Wiener-Familie, der eines natürlichen Todes gestorben war. Neben Opapis Namen war Platz gelassen. Aber Omuttis Asche wurde bei Theresienstadt in die Eger geworfen.

Was mag Omutti empfunden haben, als sie erfuhr, dass ihre jüngste Tochter Selbstmord begangen hatte? Oder ist auch ihr damals gesagt worden, dass Mutti am Herzschlag gestorben sei? Mein Rückblick weckt Erinnerungen an eine strenge, aber liebevolle, oft nervöse, häufig in Zigarettenrauch gehüllte, warmherzige Mutter. Und zumindest habe ich die Gewissheit, dass Mutti das Tragen des Judensterns und Konzentrationslager erspart geblieben sind, die ihre beiden Schwestern und Omutti bis zur Vernichtung durchlitten haben.

Jüdischer Friedhof Weißensee 1946

Rassentheorie

Zwischen Sexta Anfang 1928 und Sekunda Ende 1934 im Schiller-Realgymnasium schrumpften meine Interessen und Leistungen im gleichen Schritt und Tritt wie die Demokratie von Weimar nach politischer und wirtschaftlicher Demoralisierung in der Nazidiktatur unterging. Unsere Klassenzeitung, die „Klatsche", bezeugte diesen Niedergang: Mit propagandistisch-verhetzten Beiträgen einiger Klassenkameraden wie „Das Fanal der Schande" vom 23. Februar 1933 und „Was müssen wir über den völkischen Staat wissen" vom 21. März 1934 hatte sie sich selbst gleichgeschaltet.

Meine persönliche Konfrontation mit dem Nationalsozialismus begann Anfang 1933 mit einem neuen Lehrer. Um nicht mit einer antisemitischen Karikatur aus dem „Stürmer" verwechselt zu werden, trug er ein großes Hakenkreuz auf seinem linken Revers. Biologie war sein Fach, die Rassentheorie sein A bis Z. Um diese von den Nazis propagierte Theorie zu erklären und sogar am lebenden Objekt zu beweisen, hielt er Ausschau nach einem „arisch" aussehenden Schüler. Seine prüfenden Augen glitten über meist dunkle Haarschöpfe und braune Augen, bis sie bei mir landeten. Ich war dunkelblond, habe immer noch blaue Augen und einen Namen, der nichts verrät. Der neue Lehrer rief mich nach vorne, grunzte etwas wie „der Ries scheint unter euch das relativ beste Beispiel eines arischen jungen Mannes zu sein", und deutete auf gerade Nase, Form meiner Ohrläppchen, musikalischen Hinterkopf und ähnliche „typisch arische" Merkmale. Diese Weisheiten lösten in der Klasse ein unterdrücktes Kichern aus. Stolz lächelnd forderte mich der Herr Lehrer auf, zu meinem Platz zurückzukehren. Ich bedankte mich und fragte, ob ich noch etwas sagen dürfte. Großzügig gab er mir die Erlaubnis. Ich fasste mich kurz: „Ich bin Volljude."

Das Kichern wurde lauter und ging in Gelächter über, als ich zu meinem Pult zurückging. „Es gibt nichts zu lachen", schrie der Lehrer jetzt außer sich vor Zorn. „Ruhe! Ich verbiete euch zu grinsen. Ries! Steh auf, wenn ich deinen Namen aufrufe! Du bleibst eine Stunde nach!" Braune Augen über halben Brillengläsern bohrten sich in meine blauen. „Du schreibst einen Aufsatz über rassische Grundsätze und völkische Gesichtspunkte, denn das Thema gehört auch zur Biologie." Das war der Anfang vom Ende meiner sechs Jahre im Schi-Re-Gy.

Ein anderer Zwischenfall fand in der halbdunklen Aula statt, wo einige erkorene Schüler für irgendeine Veranstaltung probten. Nach meiner Darbietung einer Bach-Suite stieg ich vom Podium hinunter und setzte mich in eine der Stuhlreihen in der fast leeren Aula, um andere Vorführungsproben zu hören und zu sehen. Während eines Chorgesangs setzte sich der Hitlerjugendführer – ein großer Kerl in HJ-Uniform nebst Lederriemen – neben mich und legte seinen linken Arm kameradschaftlich um meine Schultern. Ich fand das höchst unangenehm. Es wurde aber noch unangenehmer, als seine rechte Hand versuchte, mit langen Fingern langsam unter meine kurze Hose zu schleichen. Im ersten Moment war ich fassungslos und erschrocken. In einer Mischung von Angst und Wut verließ ich die Aula. Ich bin unserem damaligen sozialdemokratischen Direktor heute noch dankbar, dass er mir den guten Rat gab, im darauf folgenden Jahr mit dem Einjährigen (mittlere Reife) vom Schi-Re-Gy abzugehen.

Klassenfoto Schiller-Realgymnasium
Ich sitze in der 2. Reihe von oben rechts, zweiter von rechts.

Man fragt nicht, warum

Es muss an einem Sonntagnachmittag gewesen sein – kurz nachdem der bereits senile Reichspräsident Paul von Hindenburg den bereits anmaßenden Adolf Hitler am 30. Januar 1933 zum Reichskanzler ernannt und damit das Ende der demokratischen, aber schwachen Weimarer Republik besiegelt hatte – , als es während meines Besuchs bei Omutti an der Wohnungstür klingelte. „Was wollen Sie?", fragte die Köchin zwei vor der Tür stehende Polizisten. „Sagen Sie Frau Wiener, wir machen nur eine Wohnungsdurchsuchung."

„Was werden die von mir wollen?", fragte Omutti ihre Tochter, Tante Hedi, die seit dem Tod von Opapi eine kleinere Wohnung mit ihr teilte. „Warum fragst du die Polizisten nicht selbst?" Omutti schaute mich etwas verstimmt an: „So etwas tut man nicht, mein Junge." Omutti hatte im 19. Jahrhundert während des Kaiserreichs gelernt, dass Warum-Fragen unhöflich sind. „Ich kann mir nur vorstellen, dass einer meiner Mieter mich aus irgendeinem Grund verleumden will", grübelte sie weiter. „Ich bin nur froh, dass es die Polizei ist und nicht die SA oder gar die Gestapo."

Seit dem Tod von Opapi, dem wohlhabenden Häusermakler, der von seinem Chauffeur zu seinem Büro „Unter den Linden" gefahren wurde, gehörten Omutti noch einige Häuser. „Vielleicht hat sich ein Mieter aus Ärger gegen die Juden aus irgendwelchen erfundenen Gründen bei der Polizei beklagt?" Nach bangem Warten, während sich die Polizisten in der Wohnung umsahen, wurden sie von der Köchin in das Wohnzimmer geleitet. „Alles in Ordnung, Frau Wiener. Es war nichts weiter als eine normale Polizeiaufgabe." Die beiden waren bereits in der Diele, als sich einer umdrehte und fragte, wer denn dieser junge Bursche sei. „Das ist mein jüngster Enkelsohn, Heinz Ries. Er kommt fast jeden Sonntagnachmittag zu Kaffee und Kuchen." Der Polizist wandte sich jetzt direkt an mich: „Na Heinz, dann kommste mal mit uff's Revier!" Omutti schaute mich besorgt an und hielt dabei erschrocken eine Hand vor den Mund, womit sie mir wohl zu verstehen geben wollte: Um Gotteswillen frage nicht, warum!

Mehr erstaunt als ängstlich fragte ich, ob ich noch kurz aufs Klo gehen dürfe. Die Polizisten gaben sich großzügig: „Natürlich. Besser als in die Hose pinkeln. Aber deinen Gürtel und die Schnürsenkel lässt du hier." Zurück im Wohnzimmer umarmte mich die liebe Omutti. „Mach dir keine Sorgen. Bald wirst du wieder bei uns sein." – Es dauerte zweieinhalb Wochen.

Omutti
Diese Portraitaufnahme und das Foto von Tante Hedi (rechte Seite) machte ich 1937.

Omuttis Handschrift in einem Brief von 1938
,Ich denke an meine Lieben draussen'

Omutti in ihrer Wohnung in der
Sybelstraße, Charlottenburg 1938

Tante Hedi

Im Polizeigefängnis

Auf dem Polizeirevier musste ich warten, bis ich von zwei anderen Polizisten verhört wurde: Vor- und Nachname, Geburtsort und Datum, wohnhaft, usw. usw. Ich nahm an, der Fall sei jetzt erledigt und ich dürfte nach Hause gehen. Weit gefehlt! Ich würde erst mal für weitere Ermittlungen ins Polizeihauptquartier am Alexanderplatz gebracht werden, hieß es. Warum, fragte ich nicht. Außerdem wurde es jetzt so richtig abenteuerlich.

Es war schon dunkel, als wir beim Hauptquartier ankamen. Und es wurde noch finsterer, als mich die Polizisten vom Erdgeschoss ins erste und dann ins zweite Untergeschoss des Gebäudes führten. Dort wurde ich drei anderen Polizisten übergeben, die an einem Tisch Skat spielten. Als die Runde beendet war, begann einer der drei, mich wieder zu verhören: Vor- und Nachname, Geburtsort, Datum, usw. usw. Endlich war die Prozedur vorüber. Ob man mich jetzt wohl gehen lassen würde? Der Polizist, der meinen fragenden Blick auffing, raubte mir schnell alle Illusionen. Nein, nach Hause dürfe ich nicht. Dieses Mal fragte ich: „Warum?", was jedoch ignoriert wurde. Stattdessen schloss ein weiterer Polizist die einzig sichtbare Tür für mich auf und brummte dabei leutselig: „Na, wat haste denn anjerichtet?" „Nichts, das ich wüsste." Er blieb ungerührt jovial: „Na, dann ruh dich 'n bisschen aus!" und verschloss die Tür hinter mir.

Der dunkle, fremde Raum verwirrte mich. Hinzu kamen unerklärliche Geräusche und Gerüche. Auf einmal hörte ich das Kratzen eines Streichholzes und sah im winzigen Licht der Flamme eine Gruppe von Männern auf dem Boden liegen. Völlig unerwartet wurde ich begrüßt: „Mensch, Heinz, was machst du denn hier?" Einer der Männer raffte sich hoch. „Haben sie dich beim Plakatkleben erwischt?" Es war Walter, einer der Ältesten der Radikaldemokratischen Partei Deutschlands. Ich war der Jüngste. „Komm, leg dich neben mich", versuchte er mir gut zuzureden. Rund herum schnarchten Dutzende von Männern. Letzte Reste von Abenteuergefühlen wichen der Angst. Ich war gefangen!

Als mich Walter am nächsten Morgen weckte, wusste ich für einen Moment nicht, wo ich war. Im Licht von zwei Lampen sah ich viele Männer am Boden hocken, einen Tisch und zwei lange Bänke. Walter erklärte die Tagesroutine: „7.00 Uhr Licht an. 7.15 Uhr Tür wird von außen geöffnet, alle Häftlinge in einer Reihe auf den Korridor. 8.00 Uhr Frühstück. 9.00 Uhr Aufrufen von Häftlingen, die entlassen werden. 12.00 Uhr Mittagessen. 18.00 Uhr Abendbrot. 20.00 Uhr Licht aus. Tür wird verschlossen. Wenn einer nachts unbedingt aufs Klo muss, darf er klopfen. Ansonsten wollen die nichts von uns hören."

Punkt 7.15 Uhr ging die Tür auf. Alle stolperten auf den Korridor, um dort mehr oder weniger in Reih und Glied Aufstellung zu nehmen. Ein Polizist rief unsere Namen alphabetisch auf. Dann kam sein Vergnügen: „Wer is 'n Tischler?" Schumann meldete sich. „Du darfst meinen Bleistift anspitzen." Sehr komisch. „Wer ist Fensterputzer?" Maier meldet sich. „Du darfst den Korridor putzen!" Noch komischer. „Wer ist der Jüngste?" Ich meldete mich. „Unser Jüngling darf die Latrine reinigen!" Besonders komisch! Alle zurück in den Raum bis auf Schumann, Maier und Ries. Maier fragte, warum ich hier sei. „Keine Ahnung." Aber *er* hatte eine Ahnung: „Die Nazis wollen uns nur traktieren, bis sie was entdeckt oder erfunden haben. Aber die meisten Polizisten sind ganz anständig bis auf einen, der uns immer anbrüllt. Der ist bestimmt ein waschechter Nazi. Übrigens hast du Schwein. Um die Latrinen zu säubern, musst du erst rauf ins Erdgeschoss, dann über den Innenhof, wo du deine Lungen mit frischer Luft vollpumpen kannst."

Vom Latrinen reinigen zurück in unserer hübschen Wohnstube stellte mich Walter einem Reichstagsabgeordneten vor, der mich unter seine Fittiche nehmen sollte. Wenn wir auf einer Bank Platz bekamen, hatte ich die Angewohnheit, beide Ellbogen auf den Tisch zu stützen und den Kopf in den Händen zu verstecken. „Komm Heinz", sagte er dann, „Kopf hoch, setz dich gerade hin, hab Vertrauen. Nachts kannst du träumen." Er erzählte, wie sehr er seine Familie vermisse, und dass nicht mal seine Frau ihn besuchen dürfe. Erst später stellte sich heraus, wie wichtig es war, dass er mir außerdem den Namen eines Nazi-Anwalts nannte, der für Geld alles machen würde.

Eines Spätabends musste ich unbedingt aufs Klo. Ich klopfte an die Tür, die nach ein paar Minuten von einem jungen Polizisten geöffnet wurde. Ich erklärte mein Problem. Auf dem Weg im Korridor fragte er mich, wie alt ich sei. „Sechzehn." „Und warum hat man dich eingesperrt?" „Keine Ahnung." „Wissen deine Eltern, wo du steckst?" „Nein."

„Ich könnte sie anrufen." Er schaute sich um. „Gib mir deine Telefonnummer. Ab Mitternacht bin ich mit meinem Dienst fertig. Dann rufe ich an. Aber bitte, sag es niemandem."

Am nächsten Morgen war ich tief enttäuscht. Der junge Polizist war immer noch da, also hatte er nicht angerufen. Beim Aufrufen unserer Namen ging er langsam an mir vorbei: „Melde dich gegen acht Uhr fürs Klo." Seit einigen Tagen brauchte ich wegen einer starken Erkältung die Latrinen nicht mehr zu säubern, was unter anderem bedeutete, dass ich nicht mehr über den kalten Hof gehen musste. Kurz vor acht meldete ich mich wegen Dringlichkeit im Unterleib. „Mein" Polizist stand auf: „Also los, und beeil dich!" Auf dem Weg flüsterte er mir zu, dass seine Ablösung um Mitternacht nicht gekommen sei und dass er darum erst um 10 Uhr dienstfrei hätte. Am Ende des Korridors schaute er sich um und sagte dann hastig: „Die rechte Treppe geht hinauf zum ersten Untergeschoss. Von dort geht eine Nebentreppe zum Erdgeschoss. Da siehst du zwei Türen. Die linke führt auf die Straße, die rechte in eine Telefonzelle. Du weißt, welche Tür du öffnen sollst. Ich warte hier unten." Er schaute sich nochmals um und flüsterte noch leiser: „Die rechte! Und ganz schnell!"

Um nicht aufzufallen, ging ich äußerlich ganz gelassen die zwei Treppen hoch, öffnete die rechte Tür, warf einen Groschen in den Apparat und wartete und wartete – sicherlich waren es nur ein paar Sekunden – bis ich Fräuchens Stimme hörte: „Um Himmelswillen, wo steckst du?" Ich versuchte so schnell wie möglich alles zu erklären. Das Wichtigste waren Name und Adresse des Nazi-Anwalts.

„Bitte sag Omutti, sie möchte schnellstens Kontakt mit ihm aufnehmen." Ich hörte Fräuchen schluchzen und versuchte noch, sie zu beruhigen: „Es wird schon klappen. Mach dir keine Sorgen. Ich muss aber jetzt schleunigst Schluss machen." Ich legte auf und beeilte mich, wieder zu „meinem" Polizisten hinunterzukommen, bei dem ich mich ganz leise bedanken wollte. „Ich drücke die Daumen" war alles, was er sagte.

Einige Tage später, es muss so gegen 9 Uhr gewesen sein, saß ich neben meinen beiden Freunden am Tisch. Ziemlich erschöpft durch Aufregung, Schnupfen und Fieber hielt ich wieder mal meinen Kopf aufgestützt zwischen meinen Händen, als mein Beschützer auf einmal aufgeregt rief: „Heinz, hast du nicht gehört?" Er riss meine Hände vom Kopf. „Deinen Namen haben sie aufgerufen! Schnell, schnell! Du kannst nach Hause gehen!" Etwas benommen taumelte ich zur Tür, hörte aber noch, dass mein Beschützer mir etwas nachrief. Draußen setzte ich mich an den Tisch zu den drei dort anwesenden Polizisten und wartete.

Der Dicke in der Mitte – es hieß, dass er der Nazi war – überreichte mir ein Blatt Papier. „So, jetzt brauchst du nur zu unterschreiben und dann kannst du nach Hause gehen." Er gab mir sogar seinen Kugelschreiber. Als ich begann, meinen Vornamen auf das Blatt Papier zu kritzeln, wurde ich mir plötzlich der Worte bewusst, die mein Beschützer mir nachgerufen hatte: „Nichts unterschreiben! Erst lesen!" „Worauf wartest du? Willste nich zu Muttern laufen?", fragte der Polizist, der mein Zögern bemerkt hatte. Ich überlegte kurz und sagte dann, dass ich

erst lesen möchte, was ich unterschreiben soll. Der Text begann: „Hiermit bestätige ich, dass ich ein Mitglied der Kommunistischen Partei Deutschlands ..." Auf einmal ganz ruhig, sagte ich: „Das kann ich nicht unterschreiben. Das ist nicht wahr." Der Dicke riss mir das Papier aus der Hand, warf einen Blick darauf und schnauzte einen der beiden anderen Polizisten an: „Du Idiot! Du hast dem Jungen das falsche Entlassungspapier gegeben. Du kannst wohl nicht mal lesen!" Der arme Kerl reichte mir verdattert ein anderes Papier, auf dem stand, dass ich keine Klage gegen die Stadt Berlin einreichen würde im Falle von Krankheit, Arbeitsverlust usw. usw. In raschen Zügen setzte ich meinen Namen darunter.

Aufgeregt zur S-Bahn – am Savignyplatz die Treppen hinunter zur Schlüterstraße 33 – vier Treppen hinauf – klingeln wie wild! Fräuchen umarmte mich schluchzend und wollte mich gar nicht mehr loslassen. Ich aber wollte nur eines: um die Ecke bei „Wintermärchen" Schlittschuh laufen. Ich wollte, ich musste mich frei fühlen! Nach einigen Runden brach ich zusammen und wurde im Taxi nach Hause gefahren, hatte aber noch genug Kraft, um mich bei meiner großzügigen, verständnisvollen und so liebevollen Omutti zu bedanken.

Viele Jahre später, als ich zum ersten Mal wieder nach Berlin kam, fragte ich mich: Was wäre aus mir ohne den jungen Polizisten, ohne den Reichstagsabgeordneten, ohne den Nazi-Anwalt und ohne meine Omutti geworden?

Störfreiheit

Man könnte annehmen, dass „störfrei" wie „judenfrei" in den dreißiger Jahren eine politische Bedeutung hatte. Ausnahmsweise dieses Mal nicht! Da Berlin, wie man damals sagte, in einem „Tief" lag, war der Radioempfang durch viele Nebengeräusche gestört. Die Erfindung des Siemens-Kabels garantierte dagegen völlige Störfreiheit und meine Großmutter beschloss daher, dieses Kabel für ihr Radio von der Firma Schott verlegen zu lassen. Was hätte angesichts der neuen technischen Möglichkeiten unter den damaligen Umständen passender sein können, als dass sich ihr Enkel nach dem Schulabgang, statt Häusermakler oder Kaufmann zu werden, als tüchtiger Techniker auf die Emigration vorbereitet?

In der Firma der Brüder Walter und Arnold Schott wurde ich Dutzenden jüdischer Herren, meinen zukünftigen Arbeitskollegen, vorgestellt – fast allesamt Akademiker, Fabrikanten, Beamte – alle außerdem wohl erzogen, aber völlig unerfahren in Radiotechnik. Wir nannten uns nur beim Nachnamen, waren äußerst pünktlich und sauber, bekamen alle dasselbe Gehalt und halfen einander. Wir waren alle jüdische Deutsche, nahmen alles sehr ernst und erlaubten keine Witze während der Arbeit. Ich war wieder einmal der Jüngste.

Herr Levy nahm mich unter seine nagelneuen Fittiche als Radiofachmann, nachdem er seine Wäschefabrik aufgegeben hatte oder vielmehr auf Betreiben der Behörden aufgeben musste. Er war sehr deutsch. Zum Beispiel zeigte er mir, wie man die Rückseite eines reparierten Volksempfängers befestigen muss: „Die Schlitze in den vier Schraubenköpfen dürfen nicht in alle Himmelsrichtungen zeigen, sondern müssen nach dem Zuschrauben einheitlich entweder horizontal oder vertikal ausgerichtet sein. Das ist Facharbeit, auf die man stolz sein darf." Und so halfen wir einander, alte kranke Radios vom Schweigen zu erlösen. Die Nazis hatten ja gar keine Ahnung, dass sie die tadellosesten Deutschen verjagten.

Ich machte schnelle Fortschritte und avancierte vom Reparieren der Radios zum Installieren der störfreien Siemens-Antennen. Und so lernte ich in der folgenden Zeit die Dächer von Berlin kennen. Der Antennenstab wurde meistens an einem Schornstein angebracht, dann das Kabel am Dach hintergelassen, an der Dachrinne befestigt und die Hauswand entlang bis zu der Etage und dem Fenster geleitet, hinter dem sich der Raum mit dem Radio befand. Bei fast allen Schrägdächern waren in Abständen Haken eingebaut, in die bei Dacharbeiten Leitern eingehängt werden konnten, um sie am Herunterrutschen zu hindern. Es passierte einmal – und einmal war mehr als genug –, dass der Haken abriss, an dem meine Leiter befestigt war. Langsam rutschte die Leiter mit mir das Dach hinunter, bis sie in der Dachrinne zum Halten kam. Im selben Moment, als ich einen anderen Haken in Armeslänge erreichen konnte, gab die Dachrinne nach. Die Leiter sauste an mir vorbei abwärts und landete mit einem lauten Krach auf der Straße. Zum Glück wurde niemand getroffen.

Mein „jüdischer Mitbürger" warf mir das Sicherungsseil zu – ich hätte natürlich bei dieser Arbeit angeseilt sein müssen – und zog mich, nachdem es mir gelungen war, den Karabinerhaken an meinem Gürtel zu befestigen, zurück aufs flache Dach. Ich war die ganze Zeit über sehr ruhig gewesen, aber als ich in Sicherheit war, fingen meine Knie an zu schlottern. Mein Retter musste mich sogar im Fahrstuhl noch festhalten. Er versprach, den Brüdern Schott nichts von dem Vorfall zu sagen, und ich versprach, nie wieder ohne Seil das Dach hinunter zu rutschen!

**Antenneninstallation
auf den Dächern von Berlin** 1935

Selbst im Bild oben links und unten auf dem
Dachsims sitzend.

Gedenktage

Bei den Nazis gab es gut und gerne 60 „Nationale Gedenktage". Ich möchte hier nur ein Dutzend zitieren, die in meinem kleinen „TeBe"-Zeitkalender enthalten sind und vielleicht einen Einfluss auf meine Entscheidung hatten: Soll ich oder soll ich nicht den Sprung ins Ungewisse wagen?

20.4.1889
Adolf Hitler geboren

26.4.1893
Reichsminister und Stellvertreter des Führers, Rudolf Hess, geboren

10.1.1920
Schmachfriede von Versailles in Kraft

3.8.1921
Gründung der SA

28.1.1923
Erster Parteitag der NSDAP in München

23.2.1930
Horst Wessel stirbt nach Überfall kommunistischer Mörder

30.1.1933
Gründung des Dritten Reiches

21.3.1933
Staatsakt von Potsdam

5.7.1933
Auflösung der Parteien in Deutschland

16.3.1935
Adolf Hitler verkündet die allgemeine Wehrpflicht

29.3.1936
Das deutsche Volk bejaht mit 99% die Führung durch Adolf Hitler

8.-15.9.1936
Parteitag der Ehre

Ich habe keine Ahnung, wie viele „Nationale Gedenktage" zwischen 1933 und 1945 verkündet oder annulliert wurden, möchte aber meinerseits den 2. Oktober 1937 als wichtigen Gedenktag vorschlagen. An diesem Trauertag starb unser Familienmitglied an den Folgen eines auf ihn von einem nicht kommunistischen Mörder verübten Überfalls: Der kleine freche Terrier – mein Abschiedsgeschenk für meine Schwester Steffi – hatte den geliebten Piepmatz von Fräuchen als kopflose Leiche hinterlassen.

Im Gegensatz zu meinem Vater – „es wird bestimmt bald besser werden" – war ich davon überzeugt, dass es höchste Zeit sei, Berlin, Deutschland und sogar Europa zu verlassen. Ich wollte nicht bleiben, weil ich bereits damals einen Krieg befürchtete, den Hitler vielleicht sogar gewinnen könnte. Ich wollte im „Land der unbegrenzten Möglichkeiten" überleben.

Schon ein halbes Jahr zuvor, im April 1937, hatte ich meine lukrative Stelle bei Musik- und Radiohaus Neumann gekündigt, um meine „Gedenktage" der Nachwelt mit Hilfe eines kleinen Apparates zu überliefern. Ich begann zu knipsen. Ich fotografierte Frauen und Männer, Kinder und Tiere, Ruinen und neue Gebäude, Prominente und Vertriebene – was auch immer meine Leica sah und mein Kopf für interessant hielt. Es waren aber einige schwierige Jahre, bevor ich meine fotografischen Produkte verwerten konnte.

Steffi mit Terrier 1937

Seite 21-23:
Meine ersten Fotos mit der Leica in Berlin
1937

Wetten beim Pferderennen in Hoppegarten

Mehr als ein neuer Anzug

Für meinen fünfzehnten Geburtstag sollte mir unser Schneider einen neuen Maßanzug bauen. Schneider Ruth hatte seine Werkstatt in der Friedrichstraße nicht weit von ‚Unter den Linden'. Er war präzise in seinem Metier und seiner Ausdrucksweise, aber auch witzig. Wenn er Maß nahm, erklärte er mit ernster Miene in seinem tschechischen Akzent: „Unterrr Dein Schlitz links, nurrr links, die Juwelen müssen lagerrrn können." Und dann lachte er so heftig, dass ihm die Brille auf die Nasenspitze rutschte.

Als ich nach der ersten Anprobe zum Hauseingang hinunter schlenderte, sah ich durch die Glasscheibe der Haustür, wie eine junge schlanke Frau versuchte, ihren Schlüssel ins Schloss zu stecken. Gut erzogen, wie ich war, öffnete ich ihr die Tür. Mit gesenkten Augenlidern dankte sie leise und schüchtern. Plötzlich stutzte sie, schaute mich genauer an und fragte: „Sind Sie Heinz Ries?" Ich nickte, nun meinerseits verdutzt, denn ich hatte die Frau noch nie gesehen. „Ich heiße Eva und wohne direkt über dem Schneider. Möchten Sie vielleicht eine heiße Tasse Kaffee bei mir trinken?" In Evas Wohnung war nicht nur der Kaffee heiß! Ich fing an zu schwitzen und fühlte auch die von Schneider Ruth beschriebene Lagerung rutschen. Ich bat um die Erlaubnis, mein Jackett ausziehen zu dürfen. „Aber natürlich, Herr Ries, machen Sie es sich bequem." Verführerisch lächelnd kam Eva zum zitternden Jüngling. Während sie mich auf den Mund küsste, zog sie mich langsam aus. Dann entschlüpfte sie hinter eine Spanische Wand, die bald mit Höschen, Strümpfen und Büstenhalter dekoriert war. Eva schwebte graziös zu mir, nahm mich zärtlich in ihre Alabasterarme, küsste mich auf Stirn und Nacken und machte einen Mann aus mir.

Woher kannte mich diese großzügige Eva? Ich sollte auch das erfahren: „Dein Bruder war ebenfalls nicht nur ein Kunde bei Schneider Ruth. Und einmal zeigte er mir ein Familienfoto. Aber du siehst viel männlicher aus als auf dem Foto!" Natürlich musste ich jetzt Schneider Ruth öfters aufsuchen, bis der Maßanzug leider endlich passte. Und natürlich war jeder Besuch auf der oberen Etage gratis.

Uschi, Victoria und alle die anderen

Obwohl nicht chronologisch, möchte ich beim Thema meiner sexualpädagogischen Bar Mizwa bleiben, weil ich dank der jungen, schlanken Eva gelernt hatte, meine Schlüssel in diverse Schlösschen zu stecken. Außerdem, schon meine gütige Omutti hatte mich belehrt, dass jedes Töpfchen sein Deckelchen findet.

Uschi war 16 – ein halbes Jahr jünger als ich – , als wir uns im Dezember 1934 beim Schlittschuhlaufen kennen lernten. Genauer gesagt: Wir lernten uns kennen, als Uschi vor mir ausrutschte – war das Töpfchen auf der Suche nach Deckelchen? – und ich ihr auf ihre schönen Beine half. Schüchtern, aber vergnügt lachend bedankte sich die junge Dame. Nach einigen pustenden Runden auf dem Eis ruhten wir uns erst in der Wärmehalle aus, bis wir beschlossen, dass wir uns in einem Kino viel angenehmer aufwärmen könnten.

Nach zwei Kinostunden mit Augen für Greta Garbo in „Kameliendame" und Händen auf der Suche nach wärmender Nähe begleitete ich Uschi zum Salamanderhaus, wo ihre Mutter, Hilda Romatzky, den berühmtesten Berliner Modesalon sowie ihre elegante Wohnung beherrschte. Vor dem Hauseingang gab ich Uschi meine Adresse und Telefonnummer. Mein Herz klopfte, als meine erste große Liebe mir einen keuschen Kuss gab.

Kaum zu Hause, klingelte das Telefon. „Was fällt Ihnen ein, ohne Erlaubnis meine Tochter in ein Kino zu verführen? Hiermit verbiete ich Ihnen jegliches Zusammentreffen!" Die Stimme und Worte von Frau Romatzky ließen an Deutlichkeit nichts zu

wünschen übrig. Aber, wie so oft in meinem Leben, betrachtete ich dieses Urteil weder als gerecht noch als endgültig. Außerdem unterstützten unsere Erzieherinnen Uschis und mein fast tägliches Zusammensein – meistens in meiner Wohnung – bis zu meiner Emigration am 14. Januar 1938.

Im Nachhinein frage ich mich, warum Uschis Mutter mich von ihrer Tochter fernhalten wollte. War es eine Schutzmaßnahme, um unter den damaligen Verhältnissen ihre halbjüdische Tochter nicht zu gefährden? Wahrscheinlich hatte Frau Romatzky zudem ihre Tochter in ihrem Salon, in dem auch Frau Göring und Frau Goebbels aus- und angezogen wurden, als rein arisch vorgestellt, obwohl der geschiedene Vater rein jüdisch war. Wäre Uschi „rein" gewesen, hätten wir nach damaliger Gesetzeslage „Rassenschande" begangen.

Heute kann ich es ja zugeben: Wirkliche „Rassenschande" beging ich mal mit Victoria von E., mal mit Gerda R., wenn Uschi im Sommer oder Winter in den Ferien weilte. Und ab und zu kroch ich auch ins Bett von Hazel Cagle, einer bildschönen amerikanischen Tänzerin, die in der Scala auftrat. Ich lehrte sie Deutsch, sie lehrte mich amerikanisches Englisch. Französisch konnten wir beide. Sie war es auch, die mir empfahl, ein billiges Zimmer in Hausnummer 603, West 112. Straße Ecke Broadway, in New York zu mieten. An meinem letzten Abend im Vorkriegsberlin, es war der 13. Januar 1938, besuchte mich Uschi von fünf bis sieben und Victoria von neun bis elf. Den Rest der Nacht widmete ich Hazel in ihrem kleinen Zimmer „Hotel zur Scala". Am nächsten

Mittag erreichte ich noch ganz benommen Bremerhaven, wo ich auf die „SS Bremen" taumelte. – Schon wieder ein Weib!

Wir erreichten das Ziel meiner großen Hoffnungen am 21. Januar, als das Schiff in den Hafen von Manhattan einlief. Auf dem Weg zu meinem Zimmer in der 112. Straße sah ich, wie eine bildschöne junge Frau den Obst- und Gemüseladen im Haus mit einem überfüllten Korb verließ und nicht bemerkte, dass drei Orangen auf den Bürgersteig kullerten. Selbstverständlich kam ich zu Hilfe wie auch ins Gespräch. Es stellte sich heraus, dass Beverly genau eine Etage über meinem Zimmer wohnte. Das war der richtige Moment! „Darf ich Ihnen helfen, den schweren Korb in Ihr Zimmer zu bringen?" „Das ist sehr freundlich! Wir könnten eine heiße Tasse Kaffee bei mir trinken. Nehmen sie Milch?" – Hier war eine noch schönere Eva! Ich fing an zu schwitzen. „Dürfte ich mein Jackett ...?" „Aber natürlich, Heinz, mach dir's bequem!" Endlich: „veni, vidi, vici" – doch dabei blieb es. Offensichtlich war sie keine Eva und ich kein Julius Caesar. Außerdem hatten die amerikanischen jungen Weiber von Schlüsseln und Schlössern, Töpfchen und Deckelchen, überhaupt „keene Ahnung".

Downtown Manhattan 1937

Mein erster Besuch in Amerika

Am Freitag, den 7. Oktober 1937, ausgerüstet mit einem für ein ganzes Jahr gültigen Besuchervisum, zwei schweren Gepäckstücken, einem Schrankkoffer voller Dunkelkammergeräten, zwei Leicas und den erlaubten zehn Dollar, verließ ich zum ersten Mal Familie, Freunde, Heimatstadt und das Dritte Reich. Sieben Tage später landete der HAPAG-Dampfer im schützenden Hafen von New York.

Alles lief glatt. Der Custom Officer hätte nicht freundlicher sein können. Ich musste nichts öffnen. „Have a good time" – das war alles! Auf dem Weg zum Ausgang wankte ich etwas o-beinig unter der Last meiner zweiten Leica, die ich vorsorglich unter meiner Kleidung versteckt hatte. Zum Glück gab es noch keine elektronischen Untersuchungen. Am Ausgang erspähte mich ein Taxifahrer, packte mit Hilfe eines Kollegen all mein Hab und Gut in sein „Yellow Cab" und raste wie ein Wilder den Broadway hinauf bis zur 112. Straße West, während der Schrankkoffer halb aus dem Heck und ein Gepäckstück halb aus dem Fenster des Beifahrersitzes heraushingen. Ab und zu schaute er nach hinten und zur Seite, um sich zu vergewissern, dass noch alles im Auto war.

Mein Zimmer im Haus 603 war sehr klein, aber was konnte man für fünf Dollar die Woche schon erwarten? Sechs junge Leute teilten sich Klo und Küche. Man lernte sich auf dem Flur und in der Küche kennen, aber bitte nicht berühren! Langsam aber sicher begann ich, die sexuelle Freizügigkeit der Berliner zu vermissen.

Vier Tage nach meiner Ankunft in der sehr „Neuen Welt" musste ich wegen irgendwelcher Papiere zum Custom House am unteren Zipfel von Manhattan. Ich fragte einen Mann, der neben seinem Karren auf der Straße Erdnüsse verkaufte, nach dem Weg. Während er mitten im Verkehrsradau und dem Lärm seines prasselnden Röstofens versuchte, sich auf russisch verständlich zu machen, erschien die Rettung in Form eines elegant gekleideten Herrn. Er fragte mich, ob er mir behilflich sein könnte. Zwei Minuten später landeten wir im Custom House, wo Dutzende von Leuten in langen Schlangen vor vier Schaltern warteten. Mein Retter verschwand und kam fünf Minuten später mit meinen gestempelten Papieren wieder. Ich befand mich wirklich im Land der unbegrenzten Möglichkeiten!

Bei einem Becher Kaffee im „Downtown Athletic Club" um die Ecke stellte sich heraus, dass Michael Donahue, so der Name meines Retters, ein höheres Tier im State Department und einige Jahre Konsul in Rom gewesen war und auch Berlin gut kannte. Nachdem ich ihm meine Situation und die Notwendigkeit eines Affidavits erklärt hatte, sah er mich prüfend an: „Sind Sie jüdisch? – Also, ich könnte Sie Herrn und Frau Weiss, guten Freunden von mir, vorstellen und ihnen erklären, Sie hätten mich hier auf Empfehlung Ihres Vaters besucht, um zu verhindern, dass sie auf die Idee kommen, ich hätte Sie auf der Straße angesprochen." Jetzt wussten wir beide, dass jeder von uns ein Stigma hatte.

Am 26. Oktober waren wir bei Familie Weiss zum Essen eingeladen. Vom ersten Moment an fühlte ich mich so wohl wie bei meinen Großeltern. Nach dem Essen – alles schmeckte auch so gut wie bei den Großeltern – kam Herr Weiss auf den Grund meines Besuchs zu sprechen: „Was bedeutet eigentlich dieses sogenannte Affidavit?" Während Mike, wie seine Freunde ihn nannten, Herrn Weiss erklärte, dass ein Affidavit lediglich eine Art Bürgschaft sei, damit der neue Einwanderer dem Staat nicht zur Last fällt, wollte Frau Weiss etwas über meine Familie und die Deutschen erfahren. Warum hassen die Deutschen die Juden? Könnte es

zum Krieg kommen? Ob meiner kleinen Schwester in Deutschland etwas geschehen könnte und ob meine Großmutter gut versorgt sei? Ich beantwortete viele Fragen, aber vom Affidavit wurde an diesem Abend nicht mehr geredet.

Eine Woche später stellte mich Herr Weiss seinem Anwalt vor. In 20 Minuten war alles erledigt. Bei einer Flasche Champagner wurde ich beglückwünscht: „Good luck, Heinz!" Ich wähnte mich schon am Ziel, als der Anwalt eine für mich völlig überraschende Frage stellte: „Und an welches Konsulat sollen wir das Affidavit schicken?" Seine anschließende Erklärung, dass man mit einem Affidavit legal nur von außerhalb der Vereinigten Staaten einwandern darf, verwirrte mich völlig. Erst allmählich begriff ich, dass ich, um in die USA einwandern zu können, das Land wieder verlassen musste, und dass mein Affidavit erst von einem Konsulat außerhalb der Staaten genehmigt werden musste. Die Gedanken in meinem Kopf überschlugen sich, während ich versuchte, mich in Windeseile neu zu orientieren: Ich hatte ja eine Rückfahrkarte bei der HAPAG, die ursprünglich nur als Beweis für die amerikanischen Behörden gedacht war, dass ich nicht illegal im Land bleiben wollte. Es war daher unter den gegebenen Umständen am einfachsten und billigsten, das Billett zu benutzen, und das hieß: zurück nach Deutschland! „Bitte senden Sie das Affidavit an das amerikanische Konsulat in Berlin", sagte ich so gefasst wie möglich.

Drei Wochen später, bei der Passkontrolle in Cuxhaven, wurde ich völlig unerwartet und aus heiterem Himmel von zwei Grenzpolizisten verhört: „Weshalb waren Sie in New York? Haben Sie in der 112. Straße West gewohnt? Haben Sie Kontakt zu einem Agenten aufgenommen? Sind Sie Mitglied einer politischen Organisation?" Offensichtlich war das eine Verwechslung. Aber woher wussten die, wo ich gewohnt hatte? Obwohl ich alle Fragen ehrlich beantwortete und

auch den Eindruck hatte, dass die Polizisten mir glaubten, musste ich meinen Reisepass hinterlegen und dadurch haben sie vermutlich mein Leben gerettet!

Zurück in Berlin erhielt ich vom amerikanischen Konsulat eine Vorladung zum 24. November. Der Besuch war kurz und endgültig. „Wie lange kennen Sie Mister Weiss?" Ich überlegte, wie ich die Frage des amerikanischen Konsuls am besten beantworten könnte, und entschied mich für die Angabe: seit längerem. „Er betont aber, dass er Sie erst vor kurzem kennen gelernt hat!" Ich versuchte, den Fehler wieder gut zu machen: „Das ist schon der Fall, aber ..." Er unterbrach mich: „Sie wollen mir doch nicht weismachen, dass dieser Weiss für irgendeinen Fremden ein Affidavit unterschreiben würde?!" Ich startete einen neuen Erklärungsversuch: „Herr und Frau Weiss betrachten mich wie einen Enkel. Sie sind sich der Nazigefahr bewusst und wollen meine Emigration ..." Wieder unterbrach er mich: „Genau das habe ich erwartet! Geben Sie mir Ihren Pass!" „Den habe ich nicht bei mir, weil ich nicht wusste ..." „Bringen Sie uns den Pass umgehend. Wie sich ja nun herausgestellt hat, handelt es sich bei Ihnen nicht um einen Besuchsaufenthalt in den USA, sondern um die Absicht der Einwanderung. Ihr Besuchervisum ist hiermit annulliert und das Affidavit betrachten wir als unglaubwürdig!"

Erst Stunden später wurde mir klar, dass es zu dieser Zeit weniger schwierig war, Nazi-Deutschland zu verlassen – natürlich nur, wenn man Besitz und Geld zurückließ – als in Amerika legal einzuwandern. Einigen deutschen Juden gelang es, fast ihr ganzes Mobiliar und sogar Devisen in die Schweiz zu bringen, aber sich selbst konnten sie nicht retten.

Brooklyn Bridge

An Deck der SS Bremen 14. Januar 1938

Mein zweiter Versuch, Deutschland zu verlassen

Sobald es meiner großzügigen Omutti gelungen war, mit kostspieliger Bestechung des Nazi-Anwalts, der schon meine Entlassung aus dem Polizeigefängnis arrangiert hatte, meinen Reisepass zurückzukaufen, buchte ich meine zweite Hin- und Rückreise, dieses Mal mit der „SS Bremen", Abfahrt am Freitag, den 14. Januar 1938. Zwei Stunden nach der Abfahrt aus Bremerhaven wurde ich zum Ersten Offizier beordert. Ein Riese in Marineblau mit glitzernden Goldknöpfen schnauzte mich an: „Heinz Ries? In drei Stunden werden Sie in Southampton abgesetzt!" Ich wollte wissen, weshalb, schließlich hatte ich ja eine gültige Fahrkarte nach New York. „Die Karte ist gültig, aber nicht Ihr Visum." Ich verstand nicht, mein Besuchervisum vom ersten Aufenthalt war noch für weitere neun Monate gültig! „Ich habe Sie informiert, warum Sie abgesetzt werden, und dabei bleibt es!"

Während ich überlegte, was ich unter diesen Umständen tun sollte, erspähte ich ein paar Schritte entfernt eine Tür mit der Aufschrift „Kapitän". Ich stand auf. Der Offizier spürte meine Absicht und sprang gleichzeitig von seinem Stuhl auf, um mich zurückzuhalten. In diesem Moment gelang es mir, die Tür zu öffnen. Zu meinem Glück saß der Kapitän an seinem Schreibtisch. Er schaute uns erstaunt an: „Was geht hier vor? Hat dieser junge Mann etwas angerichtet, weshalb Sie ihn festhalten wollen? Schließlich ist er doch unser Gast!" „Jawohl, Herr Kapitän, aber nur bis Southhampton!" Sehr erregt, fast außer Atem und offensichtlich verärgert schilderte der Erste Offizier, was sich zwischen uns abgespielt hatte. „Außerdem finde ich es unerhört, einfach unerhört, in Ihr Büro einzudringen!" – Der Kapitän schaute uns an, schaute zur Decke und schaute auf eine große Landkarte. Dann sagte er ruhig: „Herr Ries, ich habe noch nie jemanden an Bord gehabt, der zum zweiten Mal mit demselben Besuchervisum in Amerika landen durfte." Gleichzeitig gab er dem immer noch erregten Offizier zu verstehen, dass er verschwinden sollte.

„Ich fürchte, er hat Recht, obwohl er etwas höflicher sein könnte", fuhr der Kapitän fort, als der Erste Offizier gegangen war. Er blätterte in meinem Reisepass. „Mein Sohn ist fast so alt wie Sie, aber unter den heutigen Umständen ..." Der Kapitän schaute erst mich an und dann nochmals mein Passfoto. Schließlich hob er bedauernd die Schultern. „Sie werden mein Schiff in Southampton verlassen müssen. Es tut mir sehr leid, Herr Ries." Eigentlich hätte ich mich jetzt bedanken und entfernen sollen, aber ich wollte noch nicht klein beigeben. „Herr Kapitän, erlauben Sie mir einen Vorschlag. Bitte senden Sie ein ‚Ship-to-shore'-Telegramm an die amerikanische Botschaft in London, das könnte die Situation klären. Sollte das Besuchervisum nur für einen Aufenthalt gültig sein, übernehme ich die Kosten und steige in Southampton aus. Anderenfalls zahlt die HAPAG und ich steige in New York aus." Der Kapitän akzeptierte.

Ich konnte mich auf Kapitän Lehmann verlassen aber nicht auf das amerikanische Konsulat in Berlin, weil dort der Beweis für meine wahre Absicht lag. Das Berliner Konsulat konnte außerdem Kontakte zur Hamburger Polizei haben, und die hatten ja sogar meine Adresse in New York gewusst! Im Konsulat könnten Nazi-Spitzel sitzen und die Nazis wussten genau, wann und wo man einen Furz losließ, besonders wenn es ein jüdischer Furz war. – Ich hatte viele Gründe, warum ich das amerikanische Konsulat in London und nicht eines in Deutschland vorgeschlagen hatte!

Weder ein Rundgang auf Deck B noch Ping-Pong auf Deck C, weder ein Versuch, in meiner Kabine ruhig nachzudenken, noch witzige Gespräche an der Bar halfen, die Qual des Wartens zu vermindern. Es bestand die Möglichkeit, dass ich nie wieder in Amerika landen dürfte; noch schlimmer, dass ich nie mehr Deutschland entfliehen könnte. Ich hatte Angst. – Zum Lunch wurde mir die Ship-to-shore-Antwort serviert. Ich hatte das Wagnis gewonnen! Der Kapitän kam persönlich vorbei und lächelte freundlich.

Am 21. Januar verließ ich die „SS Bremen" im Hafen von Manhattan, sprang in ein Taxi und landete in meinem kleinen Zimmer in der 112. Straße West, wo mich vielleicht schon Nazi-Spitzel erwarteten, was mich aber jetzt überhaupt nicht mehr erschreckte. Das Ganze war eben nur eines von vielen Abenteuern, die mir in meinem langen Leben noch bevorstanden.

42 Jahre später, bei einem Interview für mein Buch „Abschied meiner Generation", erzählte Paul Sohn in Michelstadt, dass sein Vater in den dreißiger Jahren in New York wohnte aber nie amerikanischer Staatsbürger werden wollte. „Im Gegenteil, so gegen 1936 war er einer Gruppe vom Nazi-Bund beigetreten. Sie trafen sich jedes Mal, wenn die ‚SS Bremen' im New Yorker Hafen ankerte. Dann wurden mitgebrachte Nazi-Zeitschriften verteilt und vorgelesen, sogar das nazistische Hetzblatt ‚Der Stürmer'." – Es hatte also eine echte Nazizelle an Bord der „Bremen" gegeben, und der Erste Offizier, dem es fast gelungen wäre, meinen zweiten Fluchtversuch aus Nazi-Deutschland zu vereiteln, war ihr Führer. Diese nachträgliche Information war nun der Gipfel an Ironie: Ein deutscher Kapitän, auf seinem Schiff zudem umgeben von Nazis, hatte etwas ermöglicht, was ein amerikanischer Konsul verweigert hatte – noch dazu in dieser Zeit!

Randall's Island

Auf der Suche nach einem neuen Affidavit bewunderte ich nicht nur Wolkenkratzer und andere Sehenswürdigkeiten auf der großen Insel Manhattan, sondern ich entdeckte auch eine winzige Insel weiter nördlich im East River zwischen Manhattan und Queens. Niemand lebte auf diesem Eiland, genannt „Randall's Island", das nichts zu offerieren hatte außer einem großen Stadion, das den Namen von John J. Downing trug. Keine Ahnung, wer das war. Ich habe auch keine Ahnung, wie ich erfuhr, dass diese kleine leere Insel am Sonntag, den 29. Mai 1938 von fast 25 000 Jazz-Enthusiasten überflutet werden würde. Der Anlass war ein „Festival of Swing", das von der Radiostation WNEW für 25 Jazzbands organisiert worden war.

Woran ich mich bei diesem Festival aber besonders gut erinnern kann – abgesehen von dem fantastischen Jazz und Blues eines Duke Ellington, Count Basie, Woody Herman etc. – , ist ein farbiges Paar, das plötzlich auf dem grünen Rasen zwischen den Musikern und Zuhörern anfing, wild zu tanzen. Bald mehrten sich auf der Rasenfläche weiße und farbige Paare, während die Polizisten freundlich zuschauten. Die temperamentvollen Tanzausbrüche der Farbigen und der übermütige Wirbel der Paare steigerten sich noch, als Duke Ellington seine neue Nummer „Diminuendo and Crescendo in Blue" zum Besten gab. Fasziniert und gebannt beobachtete ich das ungewohnte Schauspiel.

Ich dachte an Berlin, wo so etwas von den Nazis als „entartet" und Sittenlosigkeit gebrandmarkt wurde und strengstens verboten war. Und ich dachte an die Olympischen Spiele 1936 im Berliner Stadion, wo sich der „Führer" geweigert hatte, dem viermaligen Olympiasieger Jesse Owens die Hand zu reichen, weil er ein schwarzer Amerikaner war.

Duke Ellington beim ‚Festival of Swing' 1938

Ivie Andersen
singt den St. Louis Blues,
begleitet von der Duke Ellington Band.

Ca. 25 000 Swingfans waren gekommen.

**Fasziniert und gebannt beobachtete ich
das ungewohnte Schauspiel.**

Don't worry

Wenn ich diese Floskel damals hörte, machte ich mir im Gegenteil sofort berechtigte „worries", bis ich eines Tages einem Herrn aus der Konfektionsbranche vorgestellt wurde, der zwar auch mit den berühmten zwei Worten anfing, dann aber den Vorschlag machte, mich am folgenden Montag beim monatlichen Treffen der „Young Men's Philantropic League" vorzustellen. „Sie werden dort sicherlich jemanden finden, der helfen kann. Die Y.M.P.L. unterstützt junge jüdische Menschen. Wir kommen aus derselben Branche. Also bis Montag und ‚don't worry!'"

Am Montag, den 4. April erschien ich pünktlich um 20.00 Uhr im Gebäude 27 East 72. Street, wo ich in einer halbgefüllten, verqualmten Halle von meinem neuen Bekannten herzlich empfangen und einigen älteren Herren vorgestellt wurde. Der Raum füllte sich langsam mit weiteren Zigarren rauchenden Mitgliedern, so dass ich vor lauter Qualm den Redner nicht sehen konnte. „Dieser junge Mann" – auf einmal hörte ich meinen Namen – „ist vor kurzem aus Berlin geflohen. Sicherlich wird er Wichtiges von dort berichten. Bitte Heinz, komm aufs Podium und stell dich vor." Ich sprach von der Ungewissheit der Juden in Deutschland, von Auswanderungsproblemen und auch darüber, dass weder Studium noch Ausbildung für Juden möglich seien – alles Tatsachen, die ich an mir selbst erlebt hatte. Als ich erwähnte, dass ich für eine legale Einwanderung ein Affidavit benötigte, dass ich gesund sei, einen Beruf hätte und niemandem zur Last fallen würde, hörte ich gut gemeinte aber etwas naive Vorschläge, darunter finanzielle Versprechungen, um mir mein eigenes Affidavit ausstellen zu können. Aber niemand half wirklich, „not to worry". Meine bejahende Antwort auf die letzte

Frage: „Glauben Sie, dass es zu einem Krieg kommen wird?" und die außerdem geäußerte Befürchtung, dass Deutschland den Krieg sogar gewinnen könnte, lösten lautes Gelächter aus. „Man hat Sie in Berlin verängstigt!" „Hitler ist völlig überschätzt!" „Goebbels will uns nur einschüchtern!" „Haben Sie noch nie etwas von der Maginot-Linie gehört?" – Mein Freund begleitete mich zur Straße, klopfte herzlich auf meine Schultern und versicherte, dass sich alle Probleme zur rechten Zeit lösen würden. „Just don't worry, Heinz." Das waren die letzten Worte, die ich von der Y.M.P.L. hörte.

Vielleicht war ich den meist ostjüdischen Konfektionären zu deutsch, womöglich sogar zu arrogant? Oder war das Boot für deutsche Juden schon voll? Vielleicht hatten meine Befürchtungen die Zuhörer verärgert oder sie in ihren Überzeugungen gestört. Ich weiß, dass ich für die Y.M.P.L.-Mitglieder eine Enttäuschung war und merkte, wie ich immer unsicherer wurde bei dem Versuch, im Land der unbegrenzten Möglichkeiten den richtigen Weg zu finden zwischen Ordnung und Freiheit, zwischen Berlin, wo man bei Rot an der Fußgängerampel gehorsam stehen bleibt, auch wenn sich weit und breit nichts rührt, und New York, wo das Verbot, bei Rot über die Straße zu gehen, niemanden kümmert.

Sogar heute noch finde ich es nicht leicht, den Weg zwischen Ordnung und Freiheit in einem Land zu finden, wo eine tiefe Kluft die Optimisten von den Gläubigen trennt, die auf eine bevorstehende apokalyptische Katastrophe warten. Für viele gläubige Emigranten bedeutet Amerika das neue Jerusalem, abgesehen vom Goldenen Kalb, das es für nicht wenige auch bedeutet. Für mich war es das niemals. Ich hatte keine

extremen Hoffnungen und Befürchtungen, die gottgläubige Einstellungen und Anhänglichkeiten voraussetzen, und werde sie hoffentlich nie haben. Ich gehöre zu den ungläubigen Optimisten. Ich akzeptiere komplizierte Umstände als einen Teil meines Lebens und meiner Abenteuer, die manchmal positiv beginnen und negativ enden. Oder umgekehrt, wie im Fall der zweiten erfolgreichen Passage nach Amerika auf der „SS Bremen" trotz der Intervention des Ersten Offiziers, der ein Nazi war. Dieses Abenteuer endete sogar insgesamt positiv, was ich einem russisch-jüdischen Einwanderer verdanke.

Louis Kallisch

Sieben Monate nach meinem ersten misslungenen Versuch, legal einzuwandern, und drei Monate nach meiner erneuten Landung in New York, hingehalten von leeren Versprechungen und „Don't worries", wurde ich am 27. April 1938 Louis Kallisch in seiner Konfektionsfirma vorgestellt. Nach kurzen Fragen über meine Vergangenheit, Familie, Finanzen und Beruf versprach er, dass ich von ihm hören würde. Dieses Mal war es keine leere Versprechung!

Zwei Wochen später machte mich Herr Kallisch mit seinem Anwalt bekannt, der folgenden Rat gab: „Auf Grund Ihrer Erfahrungen mit dem Konsul in Berlin halten wir es für das Beste, wenn Sie nach Cuba fahren. Ein Visum ist nicht nötig. Das Ganze kann innerhalb von einigen Tagen erledigt werden. Am besten und billigsten: Sie fahren mit einem Greyhound-Bus nach Miami und von dort per Schiff nach Havanna. Wir werden auf Ihren Namen ein Zimmer im Hotel Inglaterra buchen. – Nun zur Geldfrage: Sie sagten, dass sie weniger als 100 Dollar besitzen, was den Immigration Officer wahrscheinlich nicht befriedigen wird. Also: Herr Kallisch wird Ihnen einen Scheck über 800 Dollar ausstellen, mit dem Sie unter Ihrem Namen ein Bankkonto eröffnen. Nach Ihrer legalen Einwanderung geben Sie das Geld selbstverständlich zurück." Er verabschiedete sich mit: „Don't worry. Good luck, Heinz!"

Nach dem Treffen mit dem Anwalt fragte mich Herr Kallisch, ob ich noch etwas Zeit hätte, weil er mir seine Vergangenheit und Einstellung erklären möchte. Natürlich hatte ich Zeit und natürlich interessierte mich die Lebensgeschichte meines Retters. „Ich komme aus Odessa", begann Herr Kallisch seinen Bericht. „Unsere Eltern sind mit uns zwei Kindern 1911 nach Amerika ausgewandert.

Ich habe selbst erfahren, wie schwierig es ist, sich unter Fremden beschützt zu fühlen und Toleranz und Wärme zu finden. Viele deutsche Juden halten wenig von uns Ostjuden. Wir sprechen Jiddisch, was in euren Ohren wie verunstaltetes Deutsch klingt. Ich möchte Sie damit nicht beleidigen oder alle Juden in Deutschland abstempeln. Ganz einfach gesagt: Ich vertraue Ihnen und habe Verständnis und ich hoffe, dass auch Sie Vertrauen zu einem russischen Emigranten haben. Was Sie an dem etwas oberflächlichen ‚don't worry' stört, ist im Grunde gut gemeint, aber nicht immer führt Gutgemeintes zum Erfolg. Vergessen Sie nicht, alle Amerikaner waren Einwanderer. Heute sind wir alle Bürger. Morgen werden auch Sie einer sein."

50 Dollar in bar!

Im Sommer reisen nur wenige Amerikaner vom warmen New York zum heißen Miami. Ich war daher einer der wenigen, der sich am Sonntag, den 19. Juni 1938 auf einen der vorderen Fensterplätze des Greyhound-Busses setzte, seinen kleinen Koffer über dem Sitz verstaute und die mit Buch, Zeitung und selbst gemachten belegten Broten gefüllte Aktentasche auf den freien Nebensitz legte. Um 20.30 Uhr fuhr der Bus ab.

Von den zwei Tagen und Nächten, in denen wir fast dieselbe Entfernung wie von Berlin nach Tunis zurücklegten, ist nur eines im Gedächtnis haften geblieben: Es war im Süden – ich glaube in Richmond, Virginia –, während wir eine Pause machten, um uns die Beine zu vertreten und Coca Cola zu trinken, als ich auf der Rücklehne einer Parkbank eine Aufschrift in weißen Großbuchstaben bemerkte: FOR WHITES ONLY. Zwar hatte ich von Rassenproblemen gehört, aber dieser schwarz-weißen Realität direkt gegenüber zu stehen, machte mich tief betroffen. Die Bestürzung steigerte sich noch, als ich fünf Monate später in den Zeitungen las, dass Juden in Nazi-Deutschland den Davidstern sichtbar tragen mussten. Afro-Amerikaner brauchten weder einen Stern zu tragen noch den Hosenschlitz zu öffnen, sie konnten ihre Identität sowieso nicht verbergen.

Auf dem kleinen Dampfer von Miami nach Havanna waren fast die Hälfte der Passagiere deutsche Juden, die scheinbar nur zwei Themen diskutierten: wie lange man warten müsse, bis sich die Tür zur legalen Immigration öffnen würde, und – etwas leiser und nur unter Herren – dass man auf keinen Fall das berüchtigte „Moulin Rouge" besuchen sollte, weil es das sexuellste,

nackendste und erregendste Kabarett der Welt sei. – Drei Nächte später sah ich mit erregtem Vergnügen, wie fast alle meine Leidensgenossen versuchten, sich im verdunkelten „Moulin Rouge" unsichtbar zu machen. Das Kabarett war in der Tat alles und sogar mehr als man erwarten konnte.

Meine zwölf Tage des Hoffens und Wartens in Havanna unterbrach ich mit fast täglichen Besuchen beim amerikanischen Konsulat. Mein Affidavit war noch nicht eingetroffen, der Konsulatsbeamte lächelte beruhigend. Um mich abzulenken, erforschte ich die von Menschen wimmelnde, farbenprächtige Innenstadt. Warum ich ausgerechnet den riesigen Friedhof, das Gefängnis, einige Insassen und die Festungsanlagen von Havanna fotografisch verewigte, kann ich mir heute nur damit erklären, dass diese Plätze vielleicht meine damaligen Erfahrungen und Befürchtungen widerspiegelten.

Endlich! Am 1. Juli waren alle Formalitäten auf dem Konsulat erledigt. Mit dem Stempel im Pass und 800 Dollar auf dem Sparkonto lagen jetzt nur noch 90 Seemeilen zwischen Furcht und Freiheit. Allerdings, mit einem Kleinlichkeitskrämer beim American Express hatte ich dabei nicht gerechnet! Während dieser unfreundliche Bürokrat durch meinen Pass schnüffelte, fragte er, wieviel Geld ich hätte. Ich zählte mein Bargeld und zeigte ihm das Ergebnis: 36 Dollar. „Das genügt nicht! Sie müssen mindestens 50 Dollar haben!" Kein Problem. Ich warf mein Sparbuch mit den 800 Dollar auf seinen Tisch. „Interessiert mich überhaupt nicht. 50 Dollar in bar!" Das Schalterfenster klappte zu.

„O say can you see"

Zurück im Inglaterra-Hotel pumpte ich für 24 Stunden mal zwei, mal drei, sogar sieben Dollar von meinen Leidensgenossen. Am nächsten Tag wieder zum American Express, um – etwas hochnäsig – meinen erbeuteten Reichtum zu beweisen. Ich erhielt eine Kabine für Sonntagabend auf dem Nachtdampfer zurück nach Miami.

Am Dock, wo der Dampfer ankerte, reihte ich mich als einer der vielen Einwanderer in einer langen Schlange zum Schalterhäuschen ein, wo jeder seinen Pass nebst gültigem Stempel vorweisen musste. Erst als ich dem Schalter näher gerückt war, erkannte ich, wer drinnen saß! Natürlich erkannte er mich auch. Natürlich wollte er die 50 Dollar sehen. Natürlich fummelte ich in allen Taschen. Natürlich wurden die wartenden Leute hinter mir ungeduldig. Natürlich, und höchst dringend, musste ich etwas unternehmen! Ich grabschte meinen Pass, ergriff Koffer und Brieftasche und raste zur Gangway, ohne mich noch einmal umzudrehen, konnte aber das laute Lachen von dem gemeinen Kerl hören.

Endlich war ich an Bord und in Sicherheit. Ich hatte meinen Pass mit dem Einwanderungsstempel. Nichts konnte mehr schief gehen. Oder vielleicht doch?! Vielleicht will der Immigration Officer die 50 Dollar in bar auch sehen? Vielleicht würden sie mich unter Quarantäne stellen? Vielleicht sogar zurückschicken? Vielleicht ...? Ich grübelte die halbe Nacht. Vielleicht könnte mir mein Kabinennachbar ja ein paar Dollar leihen? Auf keinen Fall durfte ich meine letzte Chance vermasseln. Dieses Mal musste es gelingen!

Zwei Beruhigungspillen verhalfen mir schließlich zu einem kühnen Plan: Ich gebe dem Immigration Officer meinen Reisepass, lege gleichzeitig Portemonnaie und Sparbuch auf den Tisch und erwähne so nebenbei, dass ich ungefähr 75 Dollar in bar und 800 Dollar auf meiner Bank hätte. Sicherlich würde der Immigration Officer nicht wegen ein paar Dollar in meiner Geldbörse herumstöbern, besonders wenn er die große Summe von 800 Dollar im Sparbuch sieht.

Am frühen Morgen brachte ein kleines Boot die Immigration- und Passkontrolleure an Bord. Wir wurden alphabetisch zum Speisesaal gerufen, wo die Beamten ihre Akten auf kleinen Tischen ausgebreitet hatten. Als ich an der Reihe war, setzte ich mich innerlich aufgewühlt, aber äußerlich ruhig vor meinen „Richter", der über meine Zukunft entscheiden würde. „Good morning Mister Ries. May I see your passport?" Ich überreichte ihm Pass, Portemonnaie und Sparbuch. Aufmerksam blätterte er in meinem Pass. „Well, this is your third trip to America", war seine einzige Bemerkung. Meine Beine begannen zu schlottern. Dreimal in so kurzer Zeit! Vielleicht war das ja ein ernstes Problem?! Vielleicht, wer weiß? – Ohne auch nur einen Blick in Portemonnaie oder Sparbuch zu werfen, gab er mir alle meine Schätze zurück und beendete meinen zweiten Versuch, kurz vor Toresschluss legal in die Vereinigten Staaten einzuwandern, mit der freundlichen, abschließenden Bemerkung: „Welcome to America. Good luck, Mister Ries."

Das Schiff ankerte bereits im Hafen von Miami. Hinter mir glitzerten sanfte Wellen, vor mir lag der schillernde Strand. Etwas weiter entfernt flatterten Hunderte von „Stars and Stripes" über der strahlenden Stadt. Neben mir sangen Amerikaner: *„O say can you see!"* Es war der 162. Jahrestag der Unabhängigkeitserklärung. Es war mein erster „4th of July" in noch sehr abhängiger Unabhängigkeit. Langsam fing ich an aufzuatmen.

Der Salesman

Eines meiner Werbefotos, das in meinem Fotostudio in den 50er Jahren entstand.

Wieder zurück in New York, erwarteten mich nur Enttäuschungen. Der Bankrott einer Werbefirma, bei der ich vielleicht als Fotograf hätte unterkommen können, und die allgemeine große Arbeitslosigkeit machten die Jobsuche zu einem Riesenproblem. Die Ironie meiner Situation trat dadurch noch umso deutlicher zutage, als ich ausgerechnet jetzt, wo ich als legaler Einwanderer legal arbeiten durfte, keinen anderen Broterwerb fand, als Electrolux-Staubsauger in Privatwohnungen vorzuführen und hoffentlich zu verkaufen. Für eine solche Tätigkeit brauchte man sowieso keine Arbeitserlaubnis, weil ich statt eines geregelten Wochenlohns nur eine Verkaufsprämie in Höhe von zehn Prozent des Verkaufspreises erhalten sollte.

Vom Hausmeister zum Hintereingang kommandiert zu werden – , nach dem Klingeln vor doppelt verriegelten Türen zu warten, die entweder gar nicht geöffnet wurden (egal, ob jemand in der Wohnung war oder nicht) oder mit bösen Blicken auf- und wieder zugeschlossen wurden – , das Säubern verdreckter Zimmer, um die Saugkraft und Geräuschlosigkeit meines Geräts zu demonstrieren – , der unfreundlichen Freundlichkeit oder vertröstenden Floskel: „Come back another time" immer wieder zu begegnen – , dieses Hausieren war dermaßen deprimierend, dass ich mich fast jeden Nachmittag in ein Kino verkroch, wo ich für 25 Cent in zwei Spielfilmen die unbegrenzten Möglichkeiten dieses Landes wenigstens auf Celluloid erleben konnte.

Nach dem totalen Scheitern von 36 Verkaufsauftritten erlöste mich schließlich die Stellenanzeige eines Fotolabors in Bridgeport von der Saugerei und schenkte der Welt den Fotografen – allerdings vorerst nur für kurze Zeit.

Louis der Große

Die Stellenanzeige in der „Herald Tribune" kam vom „Fotomaton-Lab, Bridgeport". Gesucht wurde ein „fotografischer Facharbeiter". Ich blätterte in meinem Stadtplan von New York City, fand aber nur Manhattan, Brooklyn, Bronx und Queens – alles, nur kein „Bridgeport". Mein Nachbar klärte mich auf: Bridgeport ist eine mittelgroße Industriestadt im Staat Connecticut, ungefähr 100 Meilen nordöstlich von Manhattan.

Am 23. November stellte ich mich in der Firma vor. Ich sollte Großvergrößerungen von winzigen Fotomaton-Negativen machen. Ich war einverstanden, aber erst nach der Zusicherung, dass der Job kein Saisongeschäft sei und ich mich Weihnachten nicht schon wieder auf der Straße befände. Weihnachten kam. Der Boss hatte Wort gehalten. Neujahr kam und endete mit „Happy New Year" – und der Kündigung, was dem „Greenhorn" eine winzige Kostprobe des eiskalten Kapitalismus verabreichte. Diese sollte allerdings von meinem nächsten Arbeitgeber noch weit übertroffen werden.

Louis Gross war Inhaber der Firma „Whipple & Choate", in der Metallschrott recycelt wurde. Das große, marode, hölzerne Gebäude musste aus der Mitte des neunzehnten Jahrhunderts, die Behandlung der Arbeiter aus noch grauerer Vorzeit im Sklavenzeitalter stammen. Sie nannten die Firma sarkastisch: „Whip'em and Chok'em" – verprügelt und erwürgt sie! Der rundliche kleine Louis verbrachte die meiste Zeit in seinem – je nach Jahreszeit – geheizten oder gekühlten Nebengebäude. Ab und zu stolzierte er durch die Fabrik, um sich zu vergewissern, dass die Arbeiter nicht faulenzten. Einen durchweichten Stummel seiner Zigarre entfernte er lediglich, um nach rechts oder links zu spucken. Nur selten sprach er mit seinen Arbeitern, die er „those animals" nannte.

Aaron, treuer und hundertprozentig ehrlicher Manager, überzeugter Kommunist und mein väterlicher Berater, lächelte, wenn ich ihn mit dem unvereinbaren Gegensatz zwischen seiner Gesinnung und der von Louis konfrontierte. Mit geballter Faust donnerte er dann in seinem laut vernehmlichen Bariton und russischem Englisch: „Comes the revolution!"

Louis erinnerte mich an Kafkas jüdischen Vater in Prag, der seine tschechischen Arbeiter „meine bezahlten Feinde" nannte. Immerhin etwas netter als „animals", die in Louis' Firma meist aus Osteuropa stammten, kaum Englisch sprachen und die einrädrigen, gußeisernen und manchmal mit bis zu über tausend Pfund beladenen Schubkarren durch das Minenfeld des durchlöcherten Betonfußbodens zu manövrieren hatten. Mindestens einmal im Monat blieb ein schwer beladener Karren in so einem Loch stecken, was öfters zu Leistenbruch bei einem der „animals" führte. Gewerkschaft – Krankenversicherung – bezahlter Urlaub – so etwas gab es nicht. Das verletzte „animal" wurde rausgeschmissen.

Da ich lesen, schreiben und rechnen konnte, bestand mein Job darin, alles was an Schrott hereinkam und an Metallbarren hinausging, genau zu wiegen und in das Hauptbuch einzutragen. Es kam öfter vor, dass Louis von mir verlangte, zu unterschreiben, dass statt 100 000 Pfund Schrott in einem Bahnwaggon nur 89 000 Pfund geliefert worden seien, was ich jedes Mal ablehnte und was Louis jedes Mal auf die Palme brachte: „So wirst du das Geschäft nie lernen!"

Meine Arbeitszeit war von 8.00 Uhr bis 17.00 Uhr, sonnabends aber nur bis 12.00 Uhr, wenn außer Louis, Aaron und mir das leere Fabrikgebäude von riesigen Ratten bevölkert war. Urlaub bekam ich nie. 20 Dollar war mein Wochenlohn. Nach Ablauf eines Jahres machte ich mir Mut und klopfte an Louis' Tür. Stotternd trug ich mein Anliegen vor. „Also nächste Woche bist du schon ein ganzes Jahr bei uns", sagte Louis gedehnt. Ich nickte und erklärte, dass ich aus eben diesem Grunde um eine Gehaltserhöhung bäte. Zu meinem Erstaunen sagte Louis plötzlich: „O.k., aber jetzt zurück an die Arbeit!" Aufgeregt rannte ich zu Aaron. Doch der lachte nur und sagte: „Du kennst Louis nicht. Gehaltserhöhung gibt es hier nicht."

Aaron kannte ihn wirklich besser! Am Ende der nächsten Woche erhielt ich meinen Scheck mit dem Wochenlohn und war tief empört. Mit dem Scheck in der Hand raste ich zu Louis und stürmte, ohne anzuklopfen, in sein Büro. „Mister Gross! Sie haben Ihr Versprechen nicht gehalten!" Louis tat erstaunt: „Welches Versprechen?" „Die Gehaltserhöhung!" Louis ließ sich nicht aus der Ruhe bringen. „Ich habe nicht gesagt, wann!", sagte er, und dann grinste dieser gemeine dicke Diktator, ohne den labbrigen Stummel aus seinem Gebiss zu entfernen.

Am folgenden Freitag besuchte uns Louis in unserem kleinen Kabuff im Fabrikgebäude, sprach mit Aaron und drückte mir dabei ein gefaltetes Stück Papier in die Hand. Außer dem üblichen 20 Dollar Scheck lagen zwei Dollar dabei. Ich zögerte einen Moment, dann gab ich ihm die zwei Dollar zurück: „Ich nehme kein Trinkgeld." Louis schlug die Tür so donnernd zu, dass unsere kleine Holzbude gefährlich zu wackeln begann. Aaron tat so, als ob er den ohrenbetäubenden Krach nicht gehört hätte, dann schüttelte er den Kopf und sagte: „Du fliegst nächste Woche raus."

Ich wurde nicht entlassen. Im Gegenteil: Während meiner drei Jahre unter Louis' Fuchtel erhöhte sich mein Gehalt auf 30 Dollar die Woche. Ansonsten änderte sich nichts an dem knochenharten Arbeitsrhythmus in der Fabrik, abgesehen von besseren Geschäften dank des Zweiten Weltkrieges. Aber was sich änderte, waren meine Anschauungen und ein größeres Selbstvertrauen, die durch die Unterstützung und das Verständnis meiner gleichaltrigen jüdischen Freunde und deren Eltern gefördert wurden. Sie führten mich langsam in ein inneres Freiheitsgefühl ein, das ich erst unter Amerikanern entdeckt habe, ein Gefühl von persönlicher Unabhängigkeit, das sich nicht so leicht und schnell exportieren lässt wie Coca Cola oder Philip Morris. Wir diskutierten über soziale Verhältnisse, individuelle Verantwortung, unterschiedliche politische Richtungen und gesellschaftliche Interessenkonflikte, alles brennende Fragen und Probleme des menschlichen Zusammenlebens, die den Wissenshorizont von jungen Leuten erweitern und sie motivieren. Diese Debatten und der Eintritt Amerikas in den Zweiten Weltkrieg verhalfen mir zu Entschlüssen, die mich von dem Emigrantenstatus befreiten und auch aus der Abhängigkeit von Louis.

Nach drei Jahren bei „Whip'em and Chok'em" machte ich im Mai 1942 einen letzten Versuch, entweder Louis oder mich zu ändern. Zwar nagelte ich keine 92 Thesen an das verrostete Eingangstor, aber ich überreichte dem frühkapitalistischen Despoten zwölf getippte Forderungen, darunter: Krankenversicherung, Reparatur des gesamten Betonfußbodens, Gewerkschaftszulassung im Betrieb usw. und als letzten Punkt: Gehaltsverdoppelung. Louis sah sich den Forderungskatalog an und spuckte Gift und Galle: „Alles Unsinn! Luftblasen! Spinnerei! Illusionen! Meine Firma ist keine Heilsarmee. Heinz, du bist übergeschnappt! So wirst du nie Geschäfte machen." – Nachdem er sich etwas beruhigt und seinen Zigarrenstummel ausgespuckt hatte, sah er mich zum ersten Mal etwas verwundert an: „Ich mache dir einen Vorschlag! Vergiss deine naiven Vorstellungen, die du mir hier so dramatisch serviert hast. Ab Montag kriegst du 35 Dollar! Einverstanden?"

Am Montag kehrte ich nicht mehr in die Fabrik zurück, sondern meldete mich beim Arbeitsamt. Weder Louis noch Aaron noch den immer freundlichen schwarzen Lastwagenfahrer, der mich manchmal nach der Arbeit zur YMCA gefahren hatte, habe ich je wieder gesehen. Zwei Tage später vermittelte mir das Arbeitsamt einen neuen Job als Assistent des Leiters der Produktionsplanung bei „Baird Machine Company". Amerika war im Krieg. Automatische Maschinen waren sehr gefragt. Junge Männer waren gefragt. Amerika brauchte vieles und viele. Mein Wochenlohn betrug 33 Dollar.

Novembernächte

In der Nacht vom 9. November 1938, vier Monate nachdem mir in Amerika meine Freiheit gegeben wurde, ergoss sich die staatlich organisierte sogenannte „Kristallnacht" über das bereits von brauner Jauche durchtränkte „Dritte Reich". Es war nicht genug, Tausende von Fensterscheiben jüdischer Geschäfte einzuschlagen – daher der Name „Kristallnacht" – und zu plündern. Es war nicht genug, die Synagogen in ganz Deutschland zu verwüsten und niederzubrennen. Es war nicht genug, jüdische Bürger zu verhaften. Und es war nicht genug, Juden sogar zu erschlagen. Als „Sühneleistung" für den in dieser Nacht von Nazi-Horden angerichteten Schaden wurde den Juden die Zahlung einer Kontribution von einer Milliarde Reichsmark an das Deutsche Reich auferlegt. Zusammen mit der von jüdischen Auswanderern erhobenen „Reichsfluchtsteuer" waren es dann sogar fast zwei Milliarden Reichsmark, die den Juden „legal" zugunsten der Staatskasse abgenommen wurden, abgesehen von den Zwangsverkäufen jüdischer Geschäfte und Immobilien zu äußerst billigen Konditionen, deren Nutznießer „arische" Käufer waren.

Zahlreiche neue Verordnungen und Schikanen sorgten jetzt außerdem für eine vollständige Ausgrenzung der Juden aus der deutschen Gesellschaft: Jüdische Kinder wurden vom Besuch öffentlicher Schulen ausgeschlossen. Juden wurde das Universitätsstudium untersagt und Juden wurde der Besuch von Theatern, Kinos, Kabaretts, öffentlichen Konzerten, Bibliotheken, Vergnügungsstätten, Ausstellungen, Sportplätzen, Eislaufplätzen, Badeanstalten und sogar das Sitzen auf Parkbänken und in öffentlichen Verkehrsmitteln verboten. Führerscheine von Juden wurden für ungültig erklärt und ihre Ablieferung angeordnet. Alles dies und andere Diskriminierungen waren nicht genügend genug. Deshalb „schenkte" der Führer allen Juden einen zusätzlichen Vornamen: „Israel" für Männer und „Sarah" für Frauen, dazu ein „J" im Pass und später den gelben Stern, der äußerlich sichtbar auf allen Kleidungsstücken zu tragen war. Dies alles geschah mitten in Deutschland und zu der Zeit noch ohne jede Geheimhaltung. Allerdings herrschte in Deutschland bereits der blanke Terror.

An einem anderen 9. November, 15 Jahre zuvor, war ein Putschversuch des braunen Agitators Adolf Hitler in München gescheitert. In der 9-monatigen komfortablen Festungshaft auf der Burg Landsberg begann er mit der Niederschrift seiner damals noch höchst privaten monströsen Weltanschauung. Durch seinen Aufstieg zum unumschränkten Diktator im „Dritten Reich" sollte sie zur größten Katastrophe der deutschen Geschichte werden. Was Hitler in „Mein Kampf" über seinen fanatischen Antisemitismus offenbart, trägt bereits die Züge des potenziellen Massenmörders, der sich zudem für ein göttliches Werkzeug hält:

So glaube ich heute im Sinne des allmächtigen Schöpfers zu handeln: Indem ich mich des Juden erwehre, kämpfe ich für das Werk des Herrn."

Hitler behauptet in „Mein Kampf", ursprünglich kein Antisemit gewesen zu sein, vielmehr habe ihn erst sein „Anschauungsunterricht der Wiener Straße" dazu gemacht. Als berufs- und arbeitsloser „Künstler" war Hitler in seinen Wiener Jahren tatsächlich viel auf der Straße. Aber was ist das für eine Basis! Das Ergebnis seiner angeblich unvoreingenommenen Beobachtungen ist in Wahrheit denn auch nichts anderes als eine Mischung von Vorurteilen, dubiosen Spekulationen und eigenen sonderbaren Phantasien, eben das Produkt eines bereits indoktrinierten Antisemiten. Hier einige Kostproben für den interessierten Leser:

„Wo immer ich ging, sah ich nun Juden, und je mehr ich sah, um so schärfer sonderten sie sich für das Auge von den anderen Menschen ab. ... Überhaupt war die sittliche und sonstige Reinlichkeit dieses Volkes ein Punkt für sich. Dass es sich hier um keine Wasserliebhaber handelt, konnte man ihnen schon am Äußeren ansehen, leider sehr oft sogar bei geschlossenem Auge. Mir wurde bei dem Geruch dieser Kaftanträger später manchmal übel. ... Dazu kam noch ... die wenig heldische Erscheinung. Abgestoßen musste man aber werden, wenn man über die körperliche Unsauberkeit hinaus plötzlich die moralischen Schmutzflecken des auserwählten Volkes entdeckte. ... Gab es denn da einen Unrat, eine Schamlosigkeit in irgendeiner Form, vor allem des kulturellen Lebens, an der nicht wenigstens ein Jude beteiligt gewesen wäre? Sowie man nur vorsichtig in eine solche Geschwulst hineinschnitt, fand man, wie die Made im faulenden Leibe, oft ganz geblendet vom plötzlichen Lichte, ein Jüdlein ... Das war Pestilenz, geistige Pestilenz, schlimmer als der schwarze Tod von einst. Und in welcher Menge dabei dieses Gift erzeugt und verbreitet

wurde! Natürlich, je niedriger das geistige und sittliche Niveau eines solchen Kunstfabrikanten ist, um so unbegrenzter aber seine Fruchtbarkeit, wie so ein Bursche schon mehr wie eine Schleudermaschine seinen Unrat der anderen Menschheit ins Antlitz spritzt. (Mein Kampf, S. 61/62)

„Er ist und bleibt der typische Parasit, ein Schmarotzer, der wie ein schädlicher Bazillus sich immer mehr ausbreitet, sowie nur ein günstiger Nährboden dazu einlädt. Die Wirkung seines Daseins aber gleicht ebenfalls der von Schmarotzern: Wo er auftritt, stirbt das Wirtsvolk nach kürzerer oder längerer Zeit. ... Im Leben des Juden als Parasit im Körper der anderen Nationen und Staaten liegt eine Eigenart begründet, die Schopenhauer einst zu dem Ausspruch veranlasste, der Jude sei der ‚große Meister im Lügen‘. Das Dasein treibt den Juden zur Lüge, und zwar immerwährenden Lüge, wie es den Nordländer zur warmen Kleidung zwingt.“ (S. 334/335)

„Indes der Jude die Freiheit der Nation verschacherte und unser Vaterland der internationalen Hochfinanz verriet, so gelang es ihm jetzt wieder, die zwei deutschen Konfessionen gegeneinander Sturm laufen zu lassen, während beider Grundlagen vom Gift des internationalen Weltjuden zerfressen und unterhöhlt werden.“ (S. 629)

„Diese Verpestung unseres Blutes, an der Hunderttausende unseres Volkes wie blind vorübergehen, wird aber vom Juden heute planmäßig betrieben. Planmäßig schänden diese schwarzen Völkerparasiten unsere unerfahrenen, jungen, blonden Mädchen und zerstören

dadurch etwas, was auf dieser Welt nicht mehr ersetzt werden kann.“ (S. 630)

Deshalb bliebe, wie Hitler in „Mein Kampf" weiter schreibt, *„als letzte Rettung (nur) der Kampf mit allen Waffen, die menschlicher Geist, Verstand und Wille zu erfassen vermögen.“* In dieser radikalen Drohung: Kampf mit allen erdenklichen Waffen – nicht etwa gegen eine bewaffnete jüdische Armee, sondern gegen das jüdische Volk – sind die Erschießungskommandos im Osten und die Gaskammern von Treblinka, Sobibor, Maidanek, Belzec, Chelmno und Auschwitz, ist der Völkermord an den Juden gedanklich bereits vorprogrammiert. Hitler hatte den Antisemitismus nicht erfunden, auch nicht die neue rassistische Variante, die im 19. Jahrhundert aufgekommen war. Aber es war Hitler, der den „Kampf der Rassen" zum Grundprinzip einer Weltanschauung machte. Und es war Hitler, der antisemitische Vorurteile, alte und neue, mit Hilfe seiner nationalsozialistischen „Bewegung" bis zum Völkermord radikalisierte.

„Wenn das der Führer wüßte" war zu Hitlers Zeiten eine stehende Redensart von Deutschen, die nicht mit der Judenverfolgung einverstanden waren. Sie hatten Hitler nicht gelesen. Merkwürdig genug: Trotz der millionenfachen Verbreitung des Buches, wofür die Nazis eifrig sorgten, hat sich kaum ein Deutscher die Mühe gemacht, „Mein Kampf" zu lesen – „es stand ja nur so im Bücherregal". Genau wie bei Kriegsende nur wenige Deutsche etwas von den sechs Millionen Juden gewusst haben wollen, die vergast, erschossen oder durch unmenschliche

Sklavenarbeit und ärztliche Experimente ermordet wurden.

Im heutigen Deutschland ist es verboten, „Mein Kampf" zu kaufen oder zu lehren. Ich bin gegenteiliger Meinung: Es sollte mit geschichtsbewussten Schülerinnen und Schülern schon im Schulunterricht besprochen werden.

Ping-Pong-Spiel mit dem Leben eines jungen Menschen

Steffi Dezember 1937

Als unser Vater kurz vor meiner ersten Abreise nach Amerika im Herbst 1937 seine neueste Freundin in unserer Wohnung vorstellte, mochte ich Fräulein Doktor Hilde Burgheim überhaupt nicht und nicht nur, weil sie ihren dicken Hintern sofort in den Lieblingsstuhl meiner verstorbenen Mutter quetschte; unser Fräuchen und meine zehnjährige Schwester Steffi konnten Fräulein Doktor auch nicht riechen. Einige Monate später gelang es Fräulein Doktor, nach Kuba auszureisen, wo sie auf meinen Vater wartete, um mit ihm in die Vereinigten Staaten einzuwandern. Um meine Schwester schienen sich weder Vater noch Hilde zu sorgen. Es war wieder unser katholisches Fräuchen, die Steffi wie ihr eigenes Kind betreute.

Bereits zwei Monate nach meiner legalen Einwanderung in die USA, hatte ich nicht nur die erforderliche Bürgschaftserklärung (Affidavit) für Vati, sondern auch für Steffi an das amerikanische Konsulat in Berlin gesandt. Vater und Hilde gelang es bald mit meiner Unterstützung, New York via Kuba zu erreichen, Steffi aber musste unter Fräuchens Obhut weiterhin warten und warten! Am 14. August 1939 wandte ich mich schließlich an das „German Emergency Committee" der Quäker in Berlin: „ ... in Bezug auf Stefanie Ries, 15 Jahre alt. ... Könnten Sie ihr vielleicht dabei behilflich sein, aus Deutschland herauszukommen und in einem Transitland auf die Einreise in die U.S.A. zu warten? ... Es ist dringend, dass sie beim amerikanischen Konsulat registriert wird ..." – Dies war der Anfang einer 19 Monate langen Korrespondenz zwischen den Quäkern in Berlin und dem „American Friendship Service Committee" (AFSC) in Philadelphia, ebenfalls ein Quäker-Komitee, die nicht zuletzt wegen ständig neuer Forderungen des amerikanischen Konsulats vor dem Hintergrund des Kriegsausbruchs und der täglich wachsenden Bedrohung von Juden in Deutschland zu einem deprimierenden Ping-Pong-Spiel mit dem Leben eines jungen Menschen geriet.

23. August 1939: Abschluss des deutsch-sowjetischen Nichtangriffspakts.

1. September 1939: Deutscher Angriff auf Polen – Beginn des Zweiten Weltkriegs.

3. September 1939: Kriegserklärung Englands und Frankreichs an das Deutsche Reich.

Am 15. Dezember 1939 erhielt ich die Kopie eines Briefes vom Quäker-Büro Berlin an das AFSC in Philadelphia mit folgender verwirrender Information: „Aus uns unbekannten Gründen hat Steffis Vater die Bürgschaftserklärung für seine Tochter mit nach Kuba genommen. Das Affidavit war von Steffis Bruder Henry in Bridgeport, Connecticut ausgestellt worden. Der wichtigste erste Schritt ist die sofortige Erneuerung des Affidavits zu Händen des amerikanischen Konsuls in Berlin." In demselben Brief ist außerdem von meinem Vater als „Mischling" die Rede, und es wird betont, dass Steffi bei Fräulein Schönfeld, ihrer „arischen Gouvernante", wohnt. Wollte das Quäker-Büro in Berlin vielleicht vermeiden, zu sagen, dass es sich um eine jüdische Familie handelte? – Am 24. Januar 1940 schrieb ich dem AFSC in Philadelphia, dass ich über das Interesse der Organisation an meiner Schwester sehr glücklich sei und zwischenzeitlich von Steffi gehört hätte, dass das erste Affidavit für die Visumserteilung genügen sollte. Am 17. Februar kam jedoch ein weiterer Brief von Steffi: „Zusätzlich zu dem Affidavit will der Konsul eine Bestätigung darüber haben, bei wem ich in New York wohnen kann" – eine merkwürdige Forderung, hatte doch die Quäker-Organisation gegenüber dem amerikanischen Konsulat immer wieder betont, dass es bei Steffis Ausreise um eine Familienzusammenführung gehe, und am 3. April teilte mir das AFSC mit, dass der Konsul in Berlin außerdem persönlich das Billet für die Überfahrt nach Amerika sehen wolle.

9. April 1940: Deutsche Besetzung Dänemarks, Invasion in Norwegen.

30. April 1940: Erstes Judenghetto in Lodz.

10. Mai 1940: Angriff auf Belgien, die Niederlande, Luxemburg und Frankreich.

15. Mai 1940: Kapitulation der Niederlande.

28. Mai 1940: Kapitulation Belgiens.

10. Juni 1940: Kapitulation Norwegens.

Aus Berlin erhielt ich am 16. April ein Telegramm, dass die Anzahlung in Höhe von 45 $ für Steffis Schiffspassage eingetroffen sei. Nach Erteilung des Visums sei die vollständige Summe zu zahlen. – Von meinem Vater, der inzwischen legal in den USA angekommen war, war keine Beteiligung an den Kosten zu erwarten. Am 22. April 1940 schrieb er an das AFSC: „Nach Besprechung mit meinem Sohn Henry erfuhr ich, dass er außer den $ 100 weitere $ 75 für das Schiffsbillet zahlen könnte. ... Ich muss

erwähnen, dass ich nicht in der Lage bin, die $ 100 zu zahlen, um meine Tochter zu retten." – Das Berliner Quäker-Büro läßt das Komitee in Philadelphia in einem Brief vom 10. Mai wissen, dass Fräulein Schönfeld beim amerikanischen Konsulat vorsprechen und berichten werde. Alles hänge jetzt von der Entscheidung des Konuls ab: „Wir können nur warten ..." – Am 15. Mai bestätigt das AFSC in Philadelphia meine vollständige Bezahlung des Schiffsbillets, worüber auch das Berliner Büro telegrafisch unterrichtet worden sei. Wenn möglich, werde die Überfahrt für den 18. Mai 1940 arrangiert. – Am 20. Mai aber wieder eine Mitteilung vom AFSC, dass Steffi noch immer nicht ihr Visum erhalten habe. Das nächste Schiff führe am 1. Juni. „Wir müssen auf weitere Informationen warten." – Ein Brief des „Visa Division Chief, Department of State Washington" an Senator Danaher vom 5. Juni 1940 bestätigt meine Sorge, dass der amerikanische Konsul in Berlin, wie schon bei meinem ersten Versuch, legal nach Amerika zu gelangen, nichts unversucht lässt, um Steffis Einwanderung zu verhindern: „Nach Auffassung des Konsuls in Berlin ist es fragwürdig, ob im Fall Fräulein Ries genügend finanzielle Mittel vorhanden sind, um zu gewährleisten, dass sie keine Belastung für den Staat wird. Laut des Herrn Konsul ist das Fräulein Ries finanziell vollständig von ihrem Bruder abhängig, der bereits die Immigration seines Vaters ermöglicht hat. Die Finanzen des Bruders scheinen uns jedoch nicht stabil genug, um zwei Personen zu unterstützen. ... Ohne finanzielle Disposition für Fräulein Ries in Form eines unwiderruflichen Kredits

haben diverse Affidavits von verwandten Leuten keinen Wert." – In einem Schreiben vom 11. Juni an das AFSC versuche ich umgehend, Zweifel an meiner finanziellen Leistungsfähigkeit zu zerstreuen. Ich versichere, dass ich zwischenzeitlich mehr verdiene als zur Zeit meines ersten Affidavits vom September 1938.

22. Juni 1940: Unterzeichnung des deutschfranzösischen Waffenstillstands in Compiègne.

23. Oktober 1940: Judendeportationen aus Baden, Saarland und Elsaß-Lothringen.

15. November 1940: Warschauer Ghetto geschlossen.

In einem eindringlichen Brief vom 15. Juli 1940 an das Berliner Büro versucht das Quäker-Komitee in Philadelphia, die Angelegenheit zu forcieren: „Es ist äußerst wichtig, den Konsul davon zu überzeugen, dass Steffi von ihrem Bruder in den U.S.A. versorgt wird und auf keinen Fall öffentliche Unterstützung benötigt. ... Es ist grotesk, dass ein junges Mädchen getrennt von ihrer Familie leben muss. ... Alles, was wir über die Familie Ries wissen, beweist, dass es besonders wertvolle Menschen sind ..." – Doch nichts rührt sich! Alarmiert durch Zeitungsmeldungen über Judendeportationen wende ich mich am 4. und 9. August erneut an den AFSC und bitte um weitere verstärkte Bemühungen. – Ich informiere das AFSC am 15. September, dass ich im Namen von Stefanie Ries bei der First National Bank in Bridgeport einen Betrag von $ 1.000 hinterlegt habe und bitte die Organisation, den amerikanischen Konsul in Berlin darüber zu informieren. – Am 29. Oktober wende ich mich wieder an das

Quäker-Komitee in Philadelphia und erhalte am 4. November folgende Antwort: „Im Moment werden kaum Visa ausgestellt. Dies wird sich nach unseren Wahlen sicherlich ändern." Regte sich hier wieder der Antisemitismus im State Department?! – Das AFSC versucht mich am 8. November zu beruhigen: „… kein Grund, so pessimistisch zu sein. Bitte übersenden Sie der Bartlett Tours Company in Philadelphia einen Scheck über $ 200 auf den Namen und Adresse Ihrer Schwester. Bitte nicht den Mut verlieren. Es wird bestimmt bald alles in Ordnung kommen."

Doch weitere drei lange zermürbende Monate zwischen Bangen und Hoffen vergingen, bis ich – endlich! – am 15. Februar 1941 dem AFSC die Nachricht übermitteln konnte: „Steffi Ries auf Dampfer ‚Comillas' von Lissabon unterwegs. Ankunft in New York am 21. Februar." Trotz Skepsis, die mich auch jetzt noch nicht losließ, begann ich zu glauben, dass Steffi wirklich kommen würde und dass Hitler oder Franco – oder das State Department! – keinen Strich mehr durch die Rechnung machen würden. Am 13. März 1941, nach 19 schier endlosen Monaten des Wartens mit ungewissem Ausgang, bedankte ich mich bei den Quäkern in Philadelphia: „Ich bin sehr glücklich, Ihnen mitteilen zu können, dass Steffi gesund in New York gelandet ist, wenn auch ohne Koffer, der in Lissabon gestohlen wurde. Steffi und ich möchten Ihnen versichern, wie dankbar wir sind! Ohne die Hilfe Ihrer Organisation in Philadelphia und Berlin hätten Steffi und ich uns wahrscheinlich niemals wiedergesehen." – Wie berech-

tigt diese schlimmste aller Befürchtungen während der langen Wartezeit war, zeigen die nachfolgenden Ereignisse:

22. Juni 1941: Angriff des Deutschen Reichs auf die Sowjetunion. Einsatzgruppen der Sicherheitspolizei und des SD unter dem Oberbefehl des Reichsführers SS Heinrich Himmler agieren hinter der Front als Mordkommandos. Zwischen Juni 1941 und April 1942 werden von den Einsatzgruppen fast 560 000 Menschen ermordet, darunter praktisch die ganze jüdische Zivilbevölkerung – Männer, Frauen und Kinder – der im Russlandfeldzug eroberten Gebiete, aber auch deportierte Juden aus dem Reich.

19. September 1941: Einführung des Judensterns im Reich.

16. Oktober 1941: Beginn der systematischen Judendeportationen im Reich.

11. Dezember 1941: Kriegserklärung Deutschlands an die USA.

20. Januar 1942: Wannsee-Konferenz – Ankündigung der „Endlösung der Judenfrage", die den planmäßigen Völkermord an den europäischen Juden durch Nazi-Deutschland besiegelte.

Der feindliche Fremde

Der 7. Dezember 1941, der Tag des japanischen Überfalls auf Pearl Harbour, verwandelte meine Person in jemanden, der ich nicht war und niemals sein wollte: ein „feindlicher Fremder". Bis zu diesem Tag hatte ich in Bridgeport eine gewisse wöchentliche Routine entwickelt: 45 Stunden gehörten meinem Boss Louis; einmal pro Woche war ich zum Abendessen bei den Familien meiner Freunde eingeladen; mittwochs Unterrichten in Fotografie im „Jewish Community Center"; montags zum langweiligen Metallurgiekurs; zweimal wöchentlich Besuch von meiner bildschönen Freundin Betty. Zu meiner Routine gehörte auch die sonntägliche Sendung klassischer Musik, die sich dank meines kleinen Radiogerätes wie Manna vom Himmel über die kulturelle Wüste von Bridgeport ergoss. An diesem Sonntag, den 7. Dezember wurde die Sendung plötzlich unterbrochen und eine Stimme meldete: „We interrupt this program to report from the White House that Japanese airplanes have bombarded Pearl Harbour."

Am nächsten Morgen fuhr ich mit Ted und Jack nach Hartford, um mich als Freiwilliger bei den „Flying Cadets" zu melden. Während meine beiden Freunde einige Probleme mit den körperlichen Testaufgaben hatten, sprang ich erfolgreich über alle Hürden. Dér Offizier gratulierte und fragte nach wer, wie, wann und wo. „Geboren in Berlin 1917." „Which Berlin?" „Berlin, Germany." „When did you become a citizen?" „Ich bin noch kein Bürger. Ich bin erst dreieinhalb Jahre in Amerika." Der Offizier überlegte einen Moment und sprach dann den Satz aus, der mich auf einen Schlag in jemand anderen verwandelte: „That means you are an enemy alien!" Ich versuchte noch zu widersprechen: „Nein, ich bin zwar ein Fremder aber keineswegs ein Feind!", aber das änderte nichts mehr an meiner neuen Situation.

Zurück in Bridgeport musste ich Leica und Radiogerät abgeben. Ich könnte ja ein Spion sein und heimlich militärische Abwehranlagen fotografieren oder durch gewisse Kontakte via Radiowellen wichtige Informationen erhalten und weiterleiten! Was auch immer die misstrauischen Behörden sich dabei dachten, die Leica vermisste ich kaum, aber wie sollte ich ohne Musik leben? Ich würde in dieser kulturellen Wüste vertrocknen!

Zwar änderte sich äußerlich nichts an meinem Lebensrhythmus, aber von *Ries dem Juden* in Deutschland war ich jetzt zu *Heinz dem Nazi* abgestempelt.

„Mein Kampf" in den Krieg

Nach der ernüchternden Absage der „Flying Cadets" änderte sich zwar nichts an meinem Leben aber doch sehr viel an meinem Denken. Obwohl ich ein überzeugter Pazifist war – und auch heute noch bin – , sollte auch der Überzeugteste seine angemessenen Grenzen ziehen. Diese Grenzen wurden von Japan durch den Überfall auf Pearl Harbour und wenige Tage später durch die Kriegserklärung an die USA auch von Deutschland überflogen, wodurch beide Mächte den Zweiten Weltkrieg entfacht hatten. Ich wollte nicht nur, sondern ich fühlte mich sogar verpflichtet, an diesem Krieg teilzunehmen, obwohl mir inzwischen noch eine zweite Absage im Wege stand, diesmal von dem lokalen „Selective Service System" in Bridgeport, dessen Aufgabe es war, untaugliche von tauglichen jungen Männern zu trennen. Obwohl ich sehr „tauglich" war und obwohl Dutzende von prominenten Bridgeportern in Briefen an Albert Borg, den Leiter des „Local Draftboard", bestätigten, dass ich „honest, conscientious, with good habits, fine character and 100 per cent American in spirit" usw. usw. sei, war und blieb ich der „enemy alien", nicht akzeptabel für den Militärdienst, und daran wollte Herr Borg unter gar keinen Umständen etwas ändern. Ich appellierte in den folgenden Monaten an eine Reihe anderer „Selective Service"-Institutionen in Hartford, Conn., Boston, Mass., Ottawa und Washington D.C., aber überall traf ich auf die gleichen engstirnigen Bürokraten und die gleiche Auskunft: „not acceptable for training and service in the armed forces". Schließlich hatte ich die Nase voll und fuhr am 2. Mai 1943 direkt zum Verteidigungsministerium in Washington, dem Pentagon, um einem von dritter Seite empfohlenen „Chief of Manpower" mein Anliegen vorzutragen. So kam es, dass ich der „enemy alien" mitten im Zweiten Weltkrieg, mitten in der Hauptstadt Amerikas, inmitten aller grenzenlosen Möglichkeiten meinen acht Jahre alten, halb kaputten Studebaker auf dem Parkplatz des Pentagon stehen lassen durfte, ohne irgendeinen Ausweis durch die Eingangstür schlenderte und von einem Sergeant bis zur Tür des Büros des „Chief of Manpower" geleitet wurde.

Keine Antwort auf mein Klopfen. Vorsichtig öffnete ich die Tür zu einem riesigen Saal, hörte den Radau von mindestens vierzig klappernden Schreibmaschinen und erblickte ganz vorne auf einem breiten Podium drei Stühle, drei Telefone, einen Schreibtisch und – den Chief!

CHIEF brüllt: „What do you want?"
„Der Luftwaffe beitreten."
CHIEF: „Can't hear you. Speak louder!"
„DER LUFTWAFFE BEITRETEN!"
CHIEF haut mit Faust auf Schreibtisch: „Why in hell don't you?"
Die Sekretärinnen halten für einen Moment mit dem Geklapper inne, drehen sich zu mir um, kichern ...
CHIEF: „Back to work, girls. Come up here young man!"
Ich gehe zu ihm.
CHIEF, dabei gleichzeitig in zwei der drei Telefone sprechend: „What's your name? Heinz? Are you German?"
Ich erklärte ihm alles so kurz wie möglich, vor allem, dass ich seit neun Monaten vergeblich versuchte, in die Armee aufge-

nommen zu werden, um als überzeugter Nazi-Gegner gegen Hitler-Deutschland zu kämpfen.

CHIEF shouts: „So you're no God-damned Nazi?!"

„Ich bin jüdisch."

CHIEF: „We are crying for healthy young men, and that stupid board doesn't want to enlist you?!"

Spricht gleichzeitig mit Telefon Nr. 2: „Give me the clerk of that bloody board!"

Anruf auf Telefon Nr. 1.

CHIEF: „Give me ..." – Zu mir sotto voce: „What's that bastard's name?" – „Give me Borg! Tell Borg Manpower wants to talk to him!"

CHIEF beugt sich zu mir, sagt leise: „Just listen." – „Borg?! I got a healthy young specimen here!" – Zu mir: „What's your name again?" – „Heinz Ries, I know you've heard of him. Now hear me, I want this fellow Heinz in the army! Understand?! No, don't call back!"

Haut mit Faust auf Schreibtisch. Telefone Nr. 2 und 3 klingeln. CHIEF hebt beide ab, brüllt gleichzeitig weiter in Nr. 1: „Listen, Borg. It's going to be your arse, if Heinz isn't in the army. And that's an order!!"

CHIEF lehnt sich zurück: „That's the way to deal with these jerks. And you'll be in the Army Airforce, my boy!"

Ich war sprachlos: „Wirklich?!"

CHIEF haut so kräftig auf den Tisch, dass ein Telefon herunterfällt. Die Sekretärinnen unterbrechen ihre Arbeit, schauen zu uns herauf. Ich hebe das Telefon auf.

CHIEF: „Didn't you tell me you wanted to enlist in the Flying Cadets?"

CHIEF rutscht näher zu mir, flüstert: „We have two basic training centers in the East, one in Miami, the other in Atlantic City." Dann noch leiser (ich übersetze): „Dieser Borg wird bestimmt versuchen, Dir die letzten Neuigkeiten aus der Nase zu ziehen – wer? warum? woher? – du weißt von nichts! Dann gibt dir das Draftboard eine Woche Zeit, deine Klamotten in Ordnung zu bringen. Danach meldest du dich in Fort Devens, wo sie dich mit allerlei Medizinalvergiftungen vollpumpen werden. Nach drei Tagen Drill, Marschieren, Training und Gymnastik kommt alphabetisches Ausbrüllen, bei welcher Garnison der Armee ihr stationiert werdet: ‚Adam, Infantry! Benson, Infantry! Carlson, Infantry!', bis R kommt, ‚Ries, Airforce, Atlantic City!' 300 Schreihälse werden murren: ‚Warum gerade der? Warum nicht ich?' Und noch etwas: Schreib meine Telefonnummer auf für den Fall, dass du nicht der Airforce zugewiesen wirst. Verstanden? Good luck, Hans!"

Ich war überwältigt. Da hatte ich mich monatelang mit engstirnigen Beamten in der Provinz herumgeschlagen und nichts erreicht. Jetzt schaffte es dieser militärische Haudegen mit der donnernden Kommandostimme und den drei Telefonen, Vorsteher einer Armada von Damen mit klappernden Schreibmaschinen im Zentrum der Macht innerhalb von fünfzehn Minuten! Von nun ab war alles ganz leicht: 18. Mai 1943 Einberufung in die Armee, 25. Mai Fort Devens, 17. Juni: Der Gemeine Soldat *Henry Ries* wird amerikanischer Staatsbürger.

Im Army Aircorps

1. Station: Atlantic City, New Jersey. Berühmte Amüsement-Stadt. Unterkunft in einem eleganten Hotel am Strand. Großartiger Blick auf schöne Damen und wilden Ozean. Verpflegung erheblich besser als Donuts im „Bridgeport Diner". Tagsüber Soldatenspiele: Marschieren, Gewehre laden, auf Schilder zielen, wieder Marschieren, Freiübungen am Strand (beobachtet von hübschen Mädchen), Salutieren, Marschieren mit Gebrüll – alles in allem „Basic Training". Abends Erholung bei Billiard, Skat, Schach, New York Times, Schallplatten usw. Ab und zu Einladungen von freundlichen Amerikanern mit keuschen Töchtern, die uns nach Essen und Geplauder in ihren Autos zum Hotel zurückfahren – und weiter nichts.

2. Station: Fort Lowry Field in der Nähe von Denver, Colorado. Herrliche Gebirgslandschaft. Unterricht in Luftwaffen-Fotografie mit einem interessanten Kurs: Arbeiten mit einer speziellen, mit drei gleichartigen Objektiven versehenen Kamera, die in den Boden der B-25-Bomber installiert wird. Das Objektiv in der Mitte zielt 90 Grad zur Erde, die beiden anderen je 45 Grad nach links und rechts. Nach der Entwicklung müssen die zwei „verzerrten" Filme mathematisch korrigiert werden. Dieser Kursus verlangt mathematisches Verständnis, das mir bald nicht nur in der „10. Photo Tech Unit", sondern auch viele Jahre später bei meinen kommerziellen Aufnahmen zugute kam.

3. Station: Airforce Base Wichita, Kansas. Vorbereitung auf den realen Krieg: Strammstehen, Marschieren, bei minus 10 Grad C Schützengräben ausbuddeln. Zwei Wochen vor der Abfahrt zur nächsten Station erlitt ich einen Bandscheibenvorfall. Damit ich die Weiterreise und meine „Buddies" nicht verpasste, arrangierte unser „First Lieutenant" meine Verlegung in den Offizierstrakt des Hospitals, in ein Einzelzimmer mit angrenzender Toilette, an die sich ein weiteres, jedoch nicht belegtes, Zimmer anschloss. Eines Morgens riss ich höchst eilig die Toilettentür auf – und der Thron war besetzt! Da es sich um einen Offizier handeln musste, wusste ich nicht, wie ich reagieren sollte. Salutieren und schnell verschwinden? Mit „please, excuse me" öffnete ich eine Tür und landete, durcheinander wie ich war, im gegenüber liegenden Zimmer. Auf meinen sofortigen militärischen Rückzug mit erneuter Entschuldigung hörte ich noch: „Get the hell out of here!!!" – Der Offizier war General Curtis LeMay, Commanding General 20. Bomber Command, C.B.I. Fazit: Selbst der höchste General riecht nicht besser als der kleinste Soldat.

4. Station: Kriegseinsatz. Nach fünf ziemlich miserablen Wochen in Wichita fuhren wir – wieder mit dem Zug (und das nennt sich „Airforce"!) – nach Los Angeles. Da wir wollene Decken und neue wollene Unterwäsche erhielten, würden wir offensichtlich in einem kalten Klima landen. Doch wie kam man von hier nach Europa? – Am 9. März 1944 schleppten wir unsere „Duffel bags" an Bord eines großen Luxusdampfers. In einer Kabine wurden, statt sonst zwei Passagieren, sechs Soldaten in je drei eisernen Wandbetten links und rechts untergebracht. Ich wählte das oberste Bettgestell, was sich jedoch als Fehler erwies. Abgesehen davon, dass die warme Luft und Gerüche nach oben steigen, war die Distanz zwischen Kopf und eiserner Decke so gering, dass ich nur mit äußerster Vorsicht beim Ein- und Aussteigen eine Beule am Kopf oder in der Decke vermeiden konnte. Meine Lösung? Ganz einfach! Einen Platz auf dem offenen Teil von Deck C finden. Leider aber auch nicht ohne Probleme, da bereits Hunderte von anderen Körpern auf dieselbe Idee gekommen waren, abgesehen davon, dass man einen guten Freund benötigte, um den ergatterten Platz zu verteidigen, sollte einen „die Natur rufen".

Ein weiteres Problem: der zweimal tägliche „Chow call". „Chow" bedeutet in diesem Fall nicht „chinesische Delikatessen", sondern „soldatisches Fressen". Während Offiziere, Damen vom Roten Kreuz und Zivilisten auf Deck B schmausten, versammelten sich Hunderte von hungrigen Soldaten im tiefsten Inneren des Schiffs auf Deck F zum Essen. Bei Sturm mussten wir uns auf dem Weg in den Bauch des Ungeheuers am Geländer festhalten. Sollte aber der „innere Sturm" zu heftig protestieren, dann war es ratsam, ganz auf das Essen zu verzichten, schnellstens die Treppen hinauf zu eilen und den Kopf auf dem nächsten offenen Deck übers Geländer zu hängen.

Am 8. April 1944, dreißig Tage nach unserer Abfahrt von Los Angeles, erreichten wir pünktlich unser Ziel – aber das war nicht Europa! Um japanische U-Boote zu vermeiden, hatte der Kapitän das Schiff ohne Marine-Abwehrbegleitung im Zick-Zack-Kurs durch den Pazifischen Ozean, vorbei an den südlichen Provinzen von Australien und Indien nach Bombay gesteuert. Nach drei schwülen Tagen und heißen Nächten fuhren wir – wieder einmal per Eisenbahn, diesmal dritter Klasse – in Moskitonetze gewickelt quer durch Indien. Morgens und abends hielt der Zug in irgendeiner Wüste zur „Chow-Zeit": Aussteigen, einreihen, vorwärts Marsch zum „Speisewagen". Vor der offenen Schiebetür, den Aluminiumnapf in der Hand, warten. Der Koch schreit: „Halt den Napf höher!" und schmeißt uns etwas Essbares hinein, das wir sofort mit unseren Stahlhelmen bedecken, da sich sonst riesige Aasgeier auf unsere unbedeckten Näpfe stürzen und mit unserem Fleisch davonfliegen würden, wie beim ersten Mal geschehen. So ekelhaft das auch war, unsere „Boys" in Europa hatten sicherlich schwierigere Probleme zu lösen.

Endlich landeten wir in Kalkutta am östlichen Ende von Indien, von wo uns ein wartender Zug ca. 120 km südwestlich zu unserem endgültigen Stützpunkt Kharagpur bringt. Kurz nach unserer Ankunft werden wir im Radio freundlich von „Tokio Rose" aus Japan begrüßt. Offensichtlich war unser Täuschungsmanöver mit den wollenen Decken und Unterhosen kein großer Erfolg!

Denver, Colorado 1943 Ich befinde mich rechts unten stehend.

The 10. Photo Tech. Unit in India

Nicht weit entfernt von Kharagpur nahmen wir ein ummauertes Gelände, den ehemaligen „Compound" für indische politische Häftlinge, in Besitz. Innerhalb von zwei Wochen hatten wir die leerstehenden Quartiere in das „10. Photo Tech." verwandelt. Fast alles, was man für ein modernes Fotolabor benötigt, war nun vorhanden: Elektrizität, heißes und kaltes Wasser, Entwicklungs- und Vergrößerungsdunkelkammern, ein Atelier, Werkstätten, Schreibstuben, Latrinen – wirklich alles. Und da diese Einrichtung militärischen Zwecken diente, mussten wir außerdem auch Schützengräben ausbuddeln – manchmal bei über 45 Grad Celsius – , während uns auf dem Boden hockende Kulis dabei erstaunt und mitleidig beobachteten. Der Tausende von Kilometern entfernte Feind hat sich sicherlich ins Fäustchen gelacht, wenn wir uns mit Stahlhelmen und Karabinern bewaffnet in diesen Schützengräben verstecken mussten. Es war die Aufgabe von Lt. Howarth, dem zivilisiertesten aller Offiziere, dafür Sorge zu tragen, dass wir für den Feind unsichtbar waren. Ein japanisches Flugzeug hätte ja eine Bombe herunter schmeißen können!

Wir konnten Lt. Howarth schon von weitem erkennen, weil er den Stahlhelm immer verkehrt herum trug. Der hintere Teil eines amerikanischen Helms ist länger, um den Nacken zu schützen, bei ihm aber war der verlängerte Teil vorne, um die lange Nase zu bedecken. Außerdem verstand dieser gute Mensch überhaupt nichts von Fotografie. – Der 21. Januar 1945 war ein extrem heißer und unvergesslicher Tag! Lt. Howarth erhielt den Befehl, General Curtis LeMay – meinen

Bei der Arbeit im Gelände und im Fotolabor Juni 1944

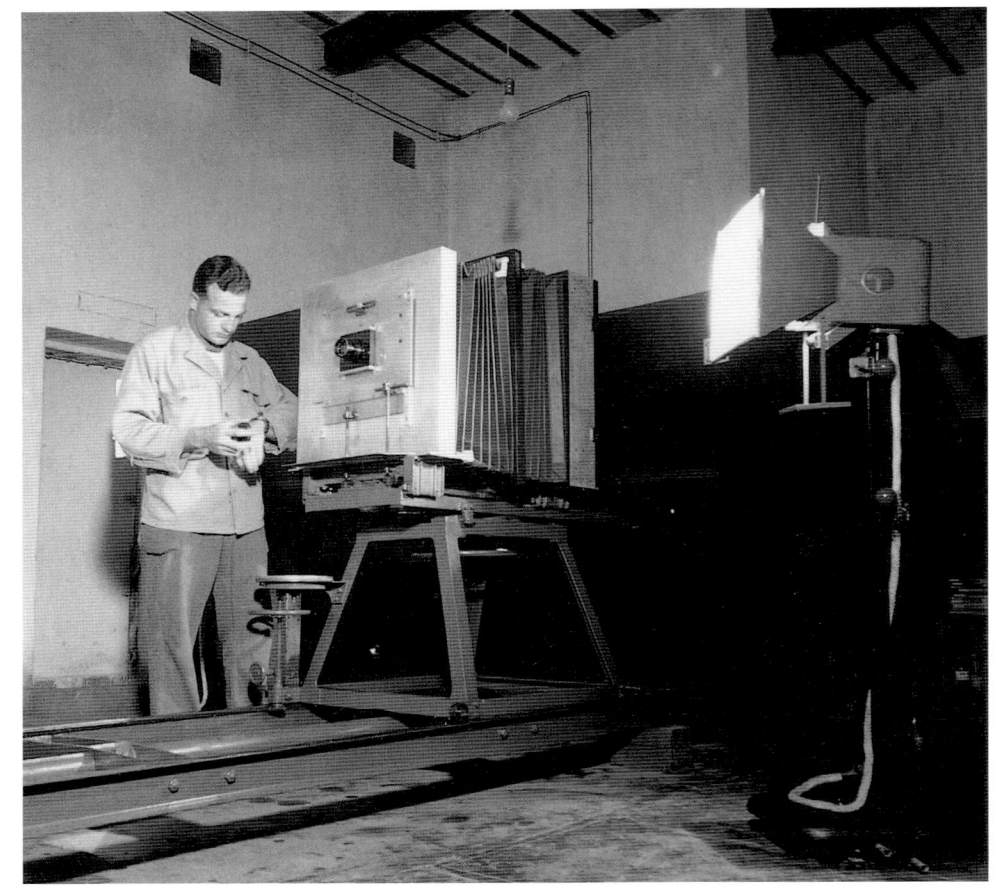

Freund vom Klo! – mit der Kamera zu portraitieren. Ich machte folgenden Vorschlag: Er solle so tun, als ob er erst die zwei Lampen in Richtung LeMay's Kopf einstellen würde, und dann die in der Zwischenzeit von mir eingestellte Kamera auslösen. Der gute Lt. Howarth war erleichtert, so musste es klappen! – Am nächsten Tag erschien der General mit allen seinen bunten Trophäen, quetschte sich in den bereit gestellten Stuhl und donnerte befehlsgewohnt: „Let's get it over with!" Lt. Howarth und ich gingen auf unsere verabredeten Plätze. Während ich die Kamera scharf einstellte und die Filmkassette hinter die Mattscheibe schob, hantierte der Leutnant wie geplant mit den Lampen. In seiner Aufregung hob er jedoch eine der Lampen etwas zu hoch, und „the shit hit the fan" – genau über dem Kopf des Generals! Den Ventilator an der Decke hatten wir nicht bedacht. Von Scherben übersät erhob sich der General mit den berühmten Worten: „Son of a bitch!", und verließ unser von Glassplittern glitzerndes Atelier. Ich bin ziemlich sicher, der gute Howarth ist nie befördert worden.

Nicht minder komisch und unvergesslich ist ein anderes Missgeschick, das mir kurz darauf während eines Nachtdienstes widerfuhr. Beim Vergrößern einer Luftaufnahme über China machte ich eine völlig unerwartete und alarmierende Entdeckung: Ein Panzerkreuzer mitten im Yangtze-Fluss! Nach nochmaligem Scharfstellen konnte ich sogar die langen Kanonenrohre erkennen. Obwohl es ein Uhr morgens war, entschloss ich mich, Major Fredericks von unserer „Intelligence Division" in seinem Quartier anzurufen.

Innerhalb von fünf Minuten klopfte er an meine Dunkelkammer, betrachtete die Vergrößerung und fragte, ob ich mir das Negativ der Aufnahme genau angesehen hätte. Ich dachte, dass dies nicht notwendig sei, da ich Einzelheiten bei der Vergrößerung doch erheblich besser erkennen und beurteilen könnte. Der Major wollte trotzdem das Negativ sehen, um ganz sicher zu gehen. Ich separierte deshalb die beiden Glasplatten, zwischen denen der Film zur Vergrößerung lag. Er schaute den Filmstreifen kritisch an, dann schaute er mich an, und dabei wurde sein Blick noch kritischer. Schließlich sagte er unwirsch: „Rufen Sie mich nicht noch einmal nach Mitternacht an!" und verließ den Raum. Das „Kriegsschiff" war eine zerquetschte Ameise, die „Kanonenrohre" waren ihre sechs Beine!

Abgesehen von wichtigen Generälen, die ich anlässlich von Besuchen auf meinen Filmen festhielt, von unerwarteten Entdeckungen, die sich als harmlose zwischen

Filmplatten zerquetschte Ameise entpuppten, und abgesehen vom Fotografieren einiger Formationen von B-29 Bombern im Flug über dem Himalaya – bei einer der Aufnahmen wäre ich beinahe mit meiner „Speed Graphic" aus der offenen Hecktür des Flugzeugs gefallen – , erhielt ich von unserem Captain den Auftrag, eine fotografische Geschichte über und für die „10. Photo Tech. Unit" zu produzieren. Für die daraus entstandene 66-seitige Broschüre verfasste er selbst das Nachwort, mit dem er unserer Tätigkeit ein glänzendes Zeugnis ausstellte: „Vor weit über einem Jahr nahmen wir Abschied von den Vereinigten Staaten. Unser Ziel war unbekannt. Unser Befehl war, die Operationen des Bomber-Command und der B-29 Flugzeuge fotografisch zu unterstützen und zu begleiten. Der Transport nach Indien war unbequem, das tropische Klima in diesem Teil der Welt setzte uns zu. ... Bei unserer Ankunft in dem ehemaligen Gefängnis hatten wir fast gar nichts: keine

Einheimische Hilfskräfte montieren die elektrischen Leitungen.

Dunkelkammern, keine Beleuchtung, kein Telefon ... Nach nur wenigen Wochen informierte uns der Commanding General, dass es jetzt an der Zeit sei, die Japaner mit unseren B-29 bekannt zu machen. ... Tag und Nacht bereiteten wir uns darauf vor mit der Erkundung und Aufnahmen von Luftwegen, Tabellen, Maßstäben, Navigation – eben mit allem, was für einen Luftangriff erforderlich ist. Dieser Angriff wurde erfolgreich erledigt. ... Von diesem Tag an wurden enorm viele japanische Kriegsanlagen zerstört. ... Ich möchte mich bei Offizieren und Mannschaft für ihre aufopfernde Pflichterfüllung im Dienst unseres fotografischen Auftrags für den Bomber Command bedanken."

Die Realität unserer Erfolgs-Story sah freilich etwas anders aus. Der erste Angriff mit dem Ziel, das Trockendock in Singapur zu versenken, war ein totales Fiasko. Zwei der B-29 Bombern gelang es nicht, von der Startbahn abzuheben. Die übrigen konnten das Trockendock nicht finden, und eine B-29 Maschine fiel auf dem Rückflug in den Golf von Bengalen. Von einem B-25 Flugzeug aus fotografierte ich am nächsten Morgen die schwimmenden Überreste in der Nähe von Chittagong. Trotzdem waren wir natürlich

kein harmloser Verein sondern Teil der alliierten Kriegsmaschinerie in diesem mit zunehmender Härte geführten Weltkrieg. Am 6. August 1945 vernichtete einer unserer B-29 Bomber die Stadt Hiroshima. Es war das Resultat des ersten Atombombenabwurfs, der den Zweiten Weltkrieg beendete.

Die „aufopfernde Pflichterfüllung", von der Captain William R. Fitzgerald in seinem Nachwort schwärmte, war jedoch ebenfalls weniger eine Beschreibung der harten Wirklichkeit als zweckdienliche Übertreibung, denn schlecht ging es uns wirklich nicht: Dreimal täglich von indischen Köchen geschmackvoll zubereitete Gerichte, jede Woche abends ein Film in unserem selbst gebauten Freilicht-Kino, jedes zweite Wochenende eine kostenlose Bahnfahrt nach Kalkutta mit Übernachtung in einem von uns beschlagnahmten eleganten Hotel und Speisen für zwei oder drei Dollar in chinesischen, indischen oder thailändischen Restaurants. Zudem wurden wir – und nicht nur Offiziere – gelegentlich zu indischer Musik und politischen Diskussionen in vornehme Privatvillen eingeladen. Und einmal im Jahr konnten wir uns sogar von den „Strapazen" der Fotografie in dem von

Bergen umgebenen Städtchen Renikhet mit Sicht auf den Nanda Devi, den zweithöchsten Berg im Himalaya, erholen. Das alles und mehr war kostenlos!

Aber einiges mussten wir armen Soldaten doch selbst bezahlen. Zigaretten kosteten ungefähr zwei Dollar pro Stange und waren zudem rationiert, wir durften nur eine pro Woche kaufen. Auf dem Schwarzmarkt konnte man das Dreifache bekommen! Das Gerücht ging um, dass einer unserer Generäle monatlich einen schnellen Rundflug nach China organisierte, um nicht nur seine extra „Fly pay" zu erhalten, sondern auch um seine Reise mit Stangen von Chesterfields und Lucky Strikes „aufzuwerten". Für mich war das alles eine neue Welt in einer der ältesten, in der ich mich zurechtfinden musste. Nur zwei Jahre waren vergangen, seit ich vom Draftboard in Bridgeport als „enemy alien" bezeichnet worden war. Andererseits war es so typisch amerikanisch, von allen Kameraden und Offizieren gleichwertig behandelt zu werden – wie jeder gebürtige „Ami", was zu dieser Zeit gegenüber „Schwarzen" allerdings noch nicht der Fall war. Außerdem fühlte ich mich in unseren selbst ausgebuddelten Schützengräben vor feindlichen Angriffen völlig sicher und beschützt.

Das Kobraloch

„Wenn ich diese Sorte von Löchern im Sand sehe, dann weiß ich genau, da drin schlummert eine Kobra! Ich weiß, wovon ich rede. Ich habe schon viele davon gesehen." So sprach unser Major, und der war so ein richtiger alter Krieger, und alte Krieger wissen genau, worüber sie genau informiert sind. Außerdem lauerten mehr als genug Kobras im heißen Sand von Indien, um seine Theorie zu beweisen.

„Bring einen Eimer Wasser!", so sein scharfer Befehl. Innerhalb von einer Minute war ich zurück mit Eimer und Wasser. „Nicht so zimperlich! Gieß endlich was rein!" Ich folgte dem Befehl – stutzte und trat automatisch einen Schritt beiseite. Etwas hatte sich in dem dunklen Loch bewegt! (Schlangen mag ich nicht.)

Genau so scharf wie die ersten kam der nächste Befehl: „Sergeant, meinen Karabiner. Aber sofort!" Ich war kaum zurück mit dem Gewünschten, da entsicherte der Major die Waffe, zielte auf das Loch und kommandierte: „Mehr Wasser ins Loch!" Ich gehorchte notgedrungen. (Schlangen aller Art hasse ich!)

Kein Zweifel! Etwas bewegte sich da drinnen! Die uns gespannt beobachtenden GIs wurden auch ganz aufgeregt. Offensichtlich sollte es jetzt zum Klimax kommen. Vorsichtig wich ich noch zwei Schritte zurück, um dem Major freie Sicht zu geben. (Karabiner mag ich auch nicht.)

Mit dem Finger am Abzug zielte der Major auf das Loch. Schon wieder bewegte sich etwas! „Gieß den Rest rein!" Ich tat meine Pflicht, trat aber vorsichtshalber sofort wieder ein paar Schritte zurück. (Schlangen und Karabiner sind einfach zu viel des Bösen!)

Meine Kobra und ich

Und siehe da, etwas zeigte sich am Rande des Kobralochs. Die GIs reckten die Hälse, und selbst dem Major waren jetzt Aufgeregtheit und Stolz anzumerken. Ich wäre am liebsten abgehauen. Doch was kam da in aller Ruhe zum Vorschein? Eine fette, hässliche, aber harmlose, freundliche Kröte! Unbeeindruckt von Karabiner und perplexen Zuschauern watschelte sie von dannen.

Etwas Neues in der Wüste

Mitten in unserer Mittagspause besuchte uns eines Tages ein riesiger Elefant in Begleitung seines kleinen indischen Wärters, der uns für ein paar Rupees die Künste seines gelehrigen Tieres vorführen würde. Das tat er dann auch, indem er mit seinem eisernen Haken den Elefanten in die Knie zwang. Anschließend durften drei Soldaten über das Hinterteil auf den riesigen Rücken des gehorsamen Tieres klettern und es sich dort bequem machen. Auf Kommando und mit Hilfe des Hakens erhob sich der Elefant wieder. Während sein Herr und Meister ihn herumführte und mit ausgestreckter Hand Bakschisch einsammelte, freuten sich die Soldaten über den Ritt in luftiger Höhe. Für uns war es eine willkommene Abwechslung und etwas Neues in der Wüste.

Der attraktive Zeitvertreib war gerade im Gange, als wir unerwartet weiteren Besuch bekamen. Ein Jeep mit drei Leuten sauste durch Sand und Staub auf uns zu. Weder Jeeps noch Soldaten waren eine Seltenheit. Aber drei Amerikanerinnen – das war eine unvermutete Überraschung! Wir vergaßen auf der Stelle Elefant und Wärter und stürzten uns auf die drei jungen Rote-Kreuz-Mädchen in Uniform, für die Jeeps und Soldaten auch keine Seltenheit waren – aber ein Elefant, das war eine großartige Abwechslung. Deshalb: In die Knie mit dem

Elefanten! Auf den Rücken mit den Frauen! Sie winkten, wir lachten, und der Elefant hatte offensichtlich auch sein Vergnügen. Ich weiß nicht, war es Instinkt, Geruch oder Körperkontakt? Jedenfalls hatte der Herr

Elefant eine gigantische Reaktion. Das ist das Ende der kleinen Elefantengeschichte, aber der Anfang einer großen Liebe – nein, nicht mit Elefanten, sondern mit einer der jungen Damen.

Im Gespräch mit Dorothy Haller stellte sich heraus, dass sie ihren gut bezahlten Job bei der Werbefirma „J. Walter Thompson" aufgegeben hatte, um das Ihrige im Krieg zu tun. Sie war New Yorkerin, Tochter eines Schuldirektors, und liebte klassische Musik. „We fell in love", wie die Amerikaner so schön plastisch sagen; die deutsche Übersetzung: „wir verliebten uns" klingt demgegenüber eher langweilig. Während viele meiner Kameraden von der „10. Photo Tech." Schlange standen, um fünf Minuten mit zwei indischen Prostituierten zu verschwenden, die ihre zwei Zelte nicht weit von unserem „Compound" zwischen zwei Palmen aufgeschlagen hatten, verbrachte ich lange Nächte mit Dorothy unter ihrem Moskitonetz.

Dorothy und die anderen zwei jungen Damen wohnten in ihrem eigenen kleinen „Compound" in Dudkhundi nicht weit entfernt von uns. Jede von ihnen hatte ihr eigenes Schlafzimmer abgesehen von zwei gemeinsamen Wohnzimmern. Es war Usus, dass Offiziere im Gegensatz zu einfachen Soldaten gewisse Privilegien genossen, darunter das Privileg, Tisch und Bett mit dem weiblichen Geschlecht zu teilen. Auch sollten Offiziere nicht mit einfachen Soldaten gesellschaftlich verkehren. Dorothy hatte dazu ihre eigene Meinung. Es war in der Nacht vom 31. Dezember 1944 zum 1. Januar 1945.

Dorothy und ich feierten zu zweit in einem der Wohnzimmer, die beiden anderen jungen Damen mit Offizieren in dem Zimmer nebenan. Kurz vor Mitternacht klopfte jemand an „unser" Wohnzimmer. Es war ein Captain, der die freundliche Nachricht überbrachte, dass der Colonel Dorothy und den Sergeant zu einer Flasche Sekt einlädt, um das Neue Jahr zu begießen. Dorothy bedankte sich, wünschte ein „Gutes Neues Jahr" und sagte freundlich lächelnd: „Der Sergeant verkehrt nicht mit Offizieren."

Wir trafen uns regelmäßig an jedem zweiten Wochenende. Ich brachte Schallplatten mit, Dorothy bereicherte mein Englisch. Obwohl wir beide Krieg hassten, hatten wir uns beide freiwillig für den Krieg gegen Nazi-Deutschland gemeldet – und landeten in Indien. Wir lachten oft und weinten, als wir am 12. April 1945 hörten, dass Präsident Roosevelt in den Armen seiner Geliebten gestorben war. Wir sprachen über Heirat. Statt Heirat sandten wir später Briefe – Dorothy aus Indien und dann aus New York, ich aus London und dann aus Berlin. Ende 1946 trafen wir uns in New York wieder. Dorothy hatte einen interessanten Job bei einer Werbefirma, ich war inzwischen von der New York Times als Fotoreporter für ganz Westeuropa engagiert worden. Wir sahen uns zum letzten Mal Ende 1980, als ich sie in

Dorothy Haller

einem Krankenhaus in New York besuchte. Am nächsten Tag starb Dorothy an Kehlkopfkrebs.

Nachtrag zu Indien

Ich möchte nicht den Eindruck erwecken, dass wir in Indien nichts weiter zu tun gehabt hätten, als uns über Generäle, Kobras und Elefanten zu belustigen. Nein, wir mussten auch arbeiten, was sich in der glühenden Hitze – wir hatten keine Klimaanlage – des öfteren sehr schwierig gestaltete und manchmal auch frustrierend war. Einerseits war die Handhabung und Auswertung der Aufnahmen unserer „drei-äugigen" Kamera, also die praktische Anwendung alles dessen, was wir noch in Amerika gelernt hatten, für uns eine große fotografische Herausforderung. Andererseits machte uns das indische Klima aber oft einen Strich durch die Rechnung, so dass wir nicht selten alles zweimal machen mussten. So konnte sich die Wetterlage innerhalb von nur einer Stunde von heiß und schwül zu heiß und trocken (oder umgekehrt) ändern, wenn wir zum Beispiel gerade dabei waren, zwei Dutzend Negative auf ein Format von 60x60 cm zu vergrößern – einen Satz für das Oberkommando der Airforce in Washington und einen zweiten für General Douglas MacArthur im Hauptquartier in Australien. Das führte dann dazu, dass die ersten Vergrößerungen je nach Klimalage entweder schneller oder langsamer als die letzten trockneten und somit unterschiedlich stark einschrumpften. Schon minimale Verschiebungen konnten aber zur Folge haben, dass alle Vergrößerungen unbrauchbar waren, weil nebeneinander liegendes Terrain nicht mehr nahtlos zueinander passte. Wir mussten dann alle 24 Vergrößerungen nochmals waschen und trocknen in der Hoffnung, dass unser Wetter in der nächsten Stunde beständig blieb. – Ein anderes Problem waren fliegende Viecher, die in unseren Raum flatterten, ihre Hochzeitsnacht feierten und innerhalb von Minuten haufenweise auf unserem Boden krepierten. Nur mit viel Wasser und einem Besen konnten wir uns der Leichen entledigen und sie dann im Sand begraben.

Seit Captain Fitzgerald mich damit beauftragt hatte, unsere fotografische Gemeinschaft in Indien mit der Kamera zu verewigen, war ich von fast allen anderen Arbeiten freigestellt. Ich versuchte alle 83 Mitglieder der „10. Photo Tech." während der Arbeit und in der Freizeit im Bild festzuhalten. Den humorvollsten Beitrag für unsere Dokumentation aber lieferte Sidney Erwin mit eigenhändigen Illustrationen in Comic-Manier zu bestimmten Stichworten, mit denen er unsere Arbeit und unser Leben in der Armee witzig und pointiert auf die Schippe nahm. Sidney war Mitarbeiter von Walt Disney in Hollywood, bevor er durch Witz und Kunst auch unser Leben bereicherte. Er war es auch, der, als er von meiner Vergangenheit erfuhr, meine weitere Zukunft beeinflusste, indem er mich fragte, warum ich ausgerechnet in Indien gelandet sei. „Weil ich fließend deutsch spreche", war meine ironische Antwort. Seine Bemerkung, dass die Armee jeden, der auch nur ein bisschen Schuldeutsch gelernt hat, nach Europa expediert, machte mich nachdenklich.

Ich fragte Major Fredericks – jenen Offizier, der die Ameise im Yangtze entdeckt hatte – nach seiner Meinung. Er war vollständig dafür, eine Versetzung nach Europa zu versuchen, und arrangierte eine Audienz bei General Smith, dem Kommandanten des „20. Bomber Command" in Indien. Es war ein kurzer Besuch. Nachdem ich meine Bitte um Versetzung zum „European Theatre of War" (etwas eigenartig, den Krieg ein „Theater" zu nennen, aber so lautete die offizielle Bezeichnung) vorgetragen hatte, fragte er kurz angebunden: „Warum?" „Weil ich fließend deutsch spreche." Smith: „Nur weil Sie deutsch sprechen?" „Nicht nur deshalb, Sir, sondern weil ich in Deutschland geboren bin, die Mentalität der Deutschen kenne, weil der Krieg in Europa bald zu Ende sein wird und man dann Dolmetscher benötigt, und weil ..." Der General unterbrach mich unwirsch, und als ob er gar nicht zugehört hätte, wiederholte er die zuvor gestellte Frage: „Nur weil Sie deutsch sprechen?" Mit einem „Thank you, Sir!" und strammem Salut verließ ich seine Majestät.

Es war wieder mein freundlicher Major Fredericks, der mir noch einmal mit einem Plan zu Hilfe kam: „General Smith fliegt jeden Monat für zwei Tage nach China. Sobald er dort ist, telegrafiere ich meinen – nicht deinen! – Vorschlag direkt zu General Arnold in Washington, den obersten Chef der Luftwaffe, und der wird besser Bescheid wissen als irgendjemand sonst, dass nach Kriegsende, wann auch immer das sein wird, Leute wie du mit europäischem Hintergrund und vor allem deutschen Sprachkenntnissen dort gebraucht werden." – Der Plan gelang. Am 18. Mai 1945 flog ich von Kharagpur nach London.

Reisenotizen aus meinem Tagebuch

Im Zeitalter der Non-Stop-Flüge über große Entfernungen haben die meisten Menschen keine Vorstellung mehr davon, wie langwierig eine Flugreise noch vor 55 Jahren war – selbst für einen mit allen entsprechenden Dokumenten ausgestatteten Soldaten wie mich, der alle Flugzeuge der Air Force benutzen konnte. Der von zahlreichen Zwischenlandungen und Wartezeiten unterbrochene Flug von Indien nach Europa erstreckte sich über fünf Tage und vier Nächte. In meinem kleinen Tagebuch habe ich die wichtigsten Stationen und Begebenheiten dieser umständlichen Reise festgehalten:

„Start am 18. Mai 1945 um 9 Uhr von Kharagpur westlich von Kalkutta. Um 13 Uhr Landung in Agra. Eine Stunde später mit einer C-46 weiter nach Karachi, Landung um 18.15 Uhr. Keine Weiterflugmöglichkeit, deshalb Übernachtung. Am nächsten Tag verlasse ich um 17.15 Uhr Karachi, Landung um 19.15 Uhr in Jiwani. Weiter um 20.30 Uhr, langer Nachtflug mit Zwischenlandungen in Sharjah, Saudi-Arabien; Abadan, Iran; Habania, Irak. Am 20. Mai Landung in Kairo gegen 11.30 Uhr. Besichtige Nil und Pyramiden. Dinner at ‚Groppi's' und Schachspiel. Verlasse Kairo am 21. Mai um 7 Uhr. Ankunft in Athen gegen 11 Uhr. Nach siebeneinhalb Jahren wieder auf europäischem Boden! Im Pissoir, über dem Urinal, eine Parole in deutscher Sprache, die jemand an die Wand gekritzelt hat: ‚Deutschland gewinnt für Europa'. Ich habe darauf gepisst! Eineinhalb Stunden später Abflug von Athen. Um 17.30 Uhr Ankunft in Neapel. Hotel am Meer mit Blick auf Vesuv. Abends Benjamin Gigli in Puccinis ‚Manon'. Am 22. Mai Abflug von Neapel um 13 Uhr, Landung um 17 Uhr in Marseille. Weiterflug nach Paris, Landung um 20.50 Uhr. Abflug von Paris um 22 Uhr, Ankunft in London um 23.30 Uhr. Übernachtung beim Roten Kreuz. Todmüde!"

Wir sind noch mal davongekommen

In den ersten zwei meiner drei Monate in London schwankte ich zwischen fast himmelhoch jauchzend und nicht ganz zu Tode betrübt. Ich traf alte Bridgeporter Freunde wieder, alle wie ich jetzt in Uniform, und machte neue Bekanntschaften mit netten Engländern. Ich besuchte häufig Konzerte mit Kantaten und Fugen von Johann Sebastian Bach und genoss die Erstaufführungen von Benjamin Brittens „Peter Grimes" sowie seiner „Serenade for Tenor, Horn and Strings". Ich erlebte die politischen Debatten am berühmten „Marble Arch" und ich wohnte – und wurde herrlich verwöhnt – bei der überaus gastfreundlichen Familie Meyer, deren drei Töchter Verity, Dulcie und Ivonne die Konzertkarten besorgten. Es waren alles in allem fast „jauchzende Ferien". Der Krieg in Europa war vorbei. Die Menschen atmeten auf: Wir sind noch mal davongekommen.

Was mich jedoch enttäuschte, war das Gefühl, in London ohne eine sinnvolle Aufgabe festzusitzen. Ich wollte nicht „Ferien" machen, so erfrischend das war, sondern ich wollte teilnehmen am Ende der leider nicht begrenzten Unmöglichkeit. Aber während meiner fast täglichen Besprechungen mit fast allen Rängen von amerikanischen Offizieren erhielt ich immer nur dieselbe unbestimmte Auskunft: „Ihre Dokumente haben uns noch nicht erreicht. Alles ist zur Zeit sehr durcheinander. Ihre Papiere sind vielleicht noch in Washington oder in Kharagpur. (Oder vielleicht in Agra oder Kairo oder in Athen – vielleicht im Pissoir?) What's the hurry, Sergeant?!" Und wie in der Zeit der Ungewissheit vor meiner Einwanderung nach Amerika, als wohlmeinende Leute mich mit der Floskel „don't worry, Heinz" vertrösteten, klangen mir jetzt die Beruhigungs„pillen" meiner Kameraden wie Hohn in den Ohren: „Why in hell don't you relax, Henry?" „You are in the Airforce, Hans!"

Meine Erlösung aus dem unbefriedigenden Wartezustand kam schließlich ausgerechnet von „Reichsführer-SS" Heinrich Himmler, natürlich nicht persönlich, sondern durch 36 riesige Holzkisten, die als seine Hinterlassenschaft in einer Salzmine bei Hallein in der Nähe von Salzburg gefunden worden waren. Ein Österreicher, der wahrscheinlich nichts von dem Inhalt dieser Kisten wusste, hatte amerikanische Soldaten über den Fund informiert.

"When in London, don't forget the umbrella" London 1945

Himmlers Geheimarchiv

Ich wurde einer Spezialgruppe des „Office Director of Intelligence" (O.D.I.), einer Abteilung des militärischen Nachrichtendienstes, zugeteilt, die das Material auswerten sollte. Als unsere kleine neugierige Gruppe uniformierter Zivilisten die nach London transportierten Kisten inspizierte, trauten wir unseren Augen nicht. Keine Pandora der Antike hätte mit ihrer Büchse so viel Verderben über die Welt streuen können wie sich hinter diesem Fund verbarg! Die Kisten enthielten Tausende von geheimen Dokumenten, Briefen, Telegrammen, Anordnungen, Weisungen und „geheime Kommandosachen", die die unmenschliche Grausamkeit des nationalsozialistischen Regimes, hier in Gestalt des „Reichsführers-SS" und seiner Handlanger, offenbarten. Wir befanden uns in einem abgrundtiefen Morast von moralischer Verkommenheit und hemmungsloser Menschenverachtung, den wir in den nächsten acht Monaten mit ungläubigem Erstaunen durchgeblättert, mit Entsetzen gelesen und mit Grauen übersetzt und ausgewertet haben. Meine Aufgabe war es – zuerst in London und später in Berlin – , die minutiösen Berichte über ärztliche Experimente an KZ-Häftlingen zu lesen und zu übersetzen. Ich benötigte dazu ein medizinisches Fachlexikon. Diejenigen, die die Experimente durchgeführt hatten, waren allesamt Mediziner, Menschen, die auf Grund ihres Berufsethos dem Eid des Hippokrates – menschliches Leben zu beschützen und zu retten – verpflichtet waren! Hier einige Auszüge aus den Geheimakten in Himmlers Archiv:

Planungen zur „Sonderbehandlung" (amtlicher Tarnbegriff für Tötung!) tuberkulosekranker Polen:

„Reichsführer!
Die von Ihnen im Einvernehmen mit dem Chef des Reichssicherheits-Hauptamtes, SS-Obergruppenführer Heydrich, genehmigte Aktion der Sonderbehandlung von rund 100.000 Juden in meinem Gaugebiet wird in den nächsten 2-3 Monaten abgeschlossen werden können. Ich bitte Sie um die Genehmigung, mit dem vorhandenen und eingearbeiteten Sonderkommando im Anschluß an die Judenaktion den Gau von einer Gefahr befreien zu dürfen, die mit jeder Woche katastrophalere Formen annimmt.
Es befinden sich im Gau etwa 230.000 bisher erkrankte Tbc-

Kranke polnischer Volkszugehörigkeit. Von diesen wird die Zahl der mit offener Tuberkulose behafteten Polen auf etwa 35.000 geschätzt. Diese Tatsache hat in immer erschreckenderem Maße dazu geführt, daß Deutsche, welche vollkommen gesund in den Warthegau gekommen sind, sich angesteckt haben. Insbesondere wird die Ansteckungsgefahr bei deutschen Kindern mit immer größerer Wirkung gemeldet. Eine ganze Reihe führender Männer, insbesondere auch aus der Polizei, sind in der letzten Zeit angesteckt worden und fallen durch die notwendig gewordene Behandlung für den Kriegseinsatz aus. ...
Wenngleich auch im Altreich mit entsprechend drakonischen Maßnahmen gegenüber dieser Volkspest nicht durchgegriffen werden kann, glaube ich es doch verantworten zu können, Ihnen vorzuschlagen, hier im Warthegau die Fälle der offenen Tbc innerhalb des polnischen Volkstums ausmerzen zu lassen ...
Bei der Dringlichkeit dieses Vorhabens bitte ich möglichst schnell um Ihre grundsätzliche Genehmigung, damit jetzt während der ablaufenden Aktion gegen die Juden bereits die Vorbereitungen zum anschließenden Anlaufen der Aktion gegenüber den offen mit Tbc behafteten Polen mit allen Vorsichtsmaßnahmen getroffen werden können.
Heil Hitler! Greiser"
(Brief des „Reichsstatthalters im Reichsgau Wartheland", Greiser, an Heinrich Himmler vom 1.5.1942)

Medikamentöse Sterilisationsversuche zur Vorbereitung von Massensterilisationen:

„ ... Getragen von dem Gedanken, daß der Feind nicht nur besiegt, sondern vernichtet werden muß, fühle ich mich verpflichtet, Ihnen, als dem Reichsbeauftragten zur Festigung des deutschen Volkstums, folgendes zu unterbreiten:
Dr. Madaus veröffentlicht das Ergebnis seiner Forschungen über eine medikamentöse Sterilisierung (beide Arbeiten lege ich bei). Bei der Lektüre dieses Artikels ist mir die ungeheure Wichtigkeit dieses Medikamentes für den jetzigen Kampf unseres Volkes eingefallen. Wenn es gelänge, auf Grund dieser Forschungen sobald als möglich ein Medikament herzustellen, das nach relativ kurzer Zeit eine

unbemerkte Sterilisation bei Menschen erzeugt, so stände uns eine neue wirkungsvolle Waffe zur Verfügung. Allein der Gedanke, daß die 3 Millionen momentan in deutscher Gefangenschaft befindlichen Bolschewisten sterilisiert werden könnten, so daß sie als Arbeiter zur Verfügung stünden, aber von der Fortpflanzung ausgeschlossen wären, eröffnet weitgehendste Perspektiven.
Madaus fand, daß der Saft des Schweigrohrs (Caladium seguinum), durch den Mund eingenommen oder als Injektion verabreicht, besonders bei männlichen, aber auch bei weiblichen Tieren nach einer gewissen Zeit eine dauernde Sterilität erzeugt. ...
Woferne der von mir ausgesprochene Gedanke Ihre Zustimmung findet, wäre folgender Weg einzuschlagen:
1. Dr. Madaus dürfte keine Publikation dieser Art mehr veröffentlichen (Feind hört mit!)
2. Vermehrung der Pflanze (in Glashäusern leicht züchtbar)
3. sofortige Versuche an Menschen (Verbrecher!), um die Dosis und Dauer der Behandlung festzustellen. ..."
(Brief von Dr. Adolf Pokorny an Heinrich Himmler vom Oktober 1941)

Neben der medikamentösen Sterilisation wurde in Versuchsreihen an KZ-Insassen auch die Röntgensterilisation und Sterilisation durch intrauterine Reizwirkung erprobt. Experimentiert wurde außerdem mit *Unterdruck- und Unterkühlungsversuchen* für militärische Zwecke.

Dabei handelte es sich um Versuche an Menschen, bei welchen der „terminale Versuch", also die Tötung der Versuchsperson, von vornherein einkalkuliert wurde:

„Hochverehrter Reichsführer!
... Zur Zeit bin ich nach München zum Luftgaukommando VII kommandiert für einen ärztlichen Auswahlkurs. Während dieses Kurses, bei dem die Höhenflugforschung eine sehr große Rolle spielt, ... wurde mit großem Bedauern erwähnt, daß leider noch keinerlei Versuche mit Menschenmaterial bei uns angestellt werden konnten, da die Versuche sehr gefährlich sind und sich freiwillig keiner dazu hergibt. ... Daher stelle ich die ernste Frage: ob zwei oder drei Berufsverbrecher für diese Experimente zur Verfügung wer-

den können? ... Die Versuche, bei denen selbstverständlich die Versuchspersonen sterben können, würden unter meiner Mitarbeit vor sich gehen. ... Ich habe mit dem Vertreter des Luftflottenarztes ... gesprochen und dieser ist ebenfalls der Meinung, daß die in Frage kommenden Probleme nur auf dem Wege des Menschenversuches geklärt werden können. (Es können als Versuchsmaterial auch Schwachsinnige Verwendung finden.) ..."
(Brief des Stabsarzts der Luftwaffe und SS-Untersturmführer, Dr. Sigmund Rascher, an Heinrich Himmler vom 15. Mai 1941)

„Sehr geehrter Herr Dr. Rascher!
Kurz vor seinem Abflug nach Oslo hat mir der Reichsführer-SS Ihren Brief vom 15.5.1941 zur ... Beantwortung übergeben.
Ich kann Ihnen mitteilen, daß Häftlinge für die Höhenflugforschung selbstverständlich gern zur Verfügung gestellt werden. Ich habe dem Chef der Sicherheitspolizei von diesem Einverständnis des Reichsführers-SS Kenntnis gegeben und gebeten, den zuständigen Sachbearbeiter anzuweisen, mit Ihnen Verbindung aufzunehmen.
Ich möchte die Gelegenheit benutzen, um Ihnen auch noch zu der Geburt Ihres Sohnes meine herzlichen Wünsche zu übermitteln."
(Undatiertes Antwortschreiben des persönlichen Referenten Himmlers, SS-Sturmbannführer Dr. Rudolf Brandt, an Dr. Rascher)

Die Versuche begannen am 21.3.1942 und wurden sämtlich an Häftlingen im KZ Dachau durchgeführt. Am 5. April 1942 übersandte Dr. Rascher einen „Zwischenbericht über die Unterdruckkammerversuche im KZ Dachau" an Heinrich Himmler:

„ ... Vor einigen Tagen sah sich der Reichsarzt-SS, Dr. Grawitz, die Versuchsanordnung kurz an, um einige der interessanten Standardversuche anzusehen. Ich glaube, hochverehrter Reichsführer, es würden Sie diese Versuche außerordentlich interessieren! ...
Die VPn wurden mit Sauerstoff auf 8 km Höhe gebracht und mussten dann mit und ohne Sauerstoff je 5 Kniebeugen ausführen ... massige bis schwere Höhenkrankheit trat auf; die VPn wurden bewußtlos ... alle VPn kehrten ins Bewußtsein zurück. Tödlich verliefen erst Dauerversuche in Höhen von über 10,5 km. Es zeigte sich bei diesen Versuchen, daß Atmung nach etwa 30 Minuten aufhör-

te, während die elektrokardiographisch festgehaltene Herzaktion in 2 Fällen erst 20 Minuten nach Atemstillstand aufhörte.

Der dritte Versuch dieser Art verlief außergewöhnlich... Es handelte sich um einen Dauerversuch ohne Sauerstoff in 12 km Höhe bei einem 37jährigen Juden in gutem Allgemeinzustand. Die Atmung hielt bis 30 Minuten an. Bei 4 Minuten begann VP zu schwitzen und mit dem Kopf zu wackeln. Bei 5 Minuten traten Krämpfe auf, zwischen 6 und 10 Minuten wurde die Atmung schneller, VP bewußtlos, von 11 Minuten bis 30 Minuten verlangsamte sich die Atmung bis 3 Atemzüge pro Minute, um dann ganz aufzuhören. Zwischendurch trat stärkste Cyanose auf, außerdem Schaum vor dem Mund. In 5 minütlichen Abständen wurde EKG in 3 Abteilungen geschrieben. Nach Aussetzungen der Atmung wurde ununterbrochen EKG bis zum völligen Aussetzen der Herzaktion geschrieben. Anschließend, etwa 1/2 Stunde nach Aufhören der Atmung, Beginn der Sektion. ...

Die Versuche werden weitergeführt und noch weiter ausgebaut. Nach Erlangung neuer Ergebnisse wird ein weiterer Zwischenbericht folgen. ... Dr. Rascher"

„Geheime Reichssache
SS-Untersturmführer Dr. med. Rascher!
Ihr Bericht vom 5.4.1942 hat dem Reichsführer-SS heute vorgelegen. Die Versuche, über die SS-Obersturmbannführer Sievers dem Reichsführer-SS kurz berichtet hat, interessieren ihn sehr. Ich wünsche Ihnen für die weiteren Versuche die Fortsetzung des bisherigen Erfolgs.
Herzliche Grüße, auch an Ihre liebe Frau.
Heil Hitler!
Ihr R. Brandt, SS-Sturmbannführer"
(Anwort des persönlichen Referenten H. Himmlers vom 18.4.1942 zum Zwischenbericht von Dr. Rascher)

Die Arbeitsgruppe Holzlöhner – Rascher – Finke legte am 10.10.1942 als „geheime Kommandosache" einen 32-seitigen Bericht über *Unterkühlungsversuche an Menschen* vor. Diesen übersandte Rascher am 16.10.1942 mit dem hier wiedergegebenen persönlichen Schreiben an Himmler:

„Hochverehrter Reichsführer!
Anliegend erlaube ich mir den endgültigen Bericht über die Unterkühlungsversuche in Dachau vorzulegen. Nicht enthalten in diesem Bericht sind Verlauf und Resultat einer Reihe von Medikamentenversuchen sowie der Bericht über die durchgeführten Versuche mit animalischer Wärme, welche z. Z. laufen. Ebenso ist in diesem Bericht nicht enthalten die mikroskopisch pathologische Untersuchung des Hirnstammes Verstorbener; ich war überrascht über das außerordentliche mikroskopische Resultat gerade dieses Gebietes. Bis zu Beginn der Kältetagung werde ich noch Versuche durchführen und hoffe in dieser Zeit weitere Resultate hinstellen zu können. Die beiden mitarbeitenden Herren haben vor etwa 8 Tagen Dachau verlassen.
Hoffend, daß Sie, hochverehrter Reichsführer, eine Viertelstunde zur Entgegennahme eines mündlichen Berichts durch mich freimachen können, bin ich mit gehorsamsten Grüßen und Heil Hitler!
Ihr sehr ergebener S. Rascher"

Am 3. Juli 1947 fotografierte ich beim Nürnberger Ärzteprozess die wegen ihrer verbrecherischen Menschenversuche angeklagten NS-Ärzte. Sie füllten zwei lange Anklagebänke.

Ausplünderung der in die Vernichtungslager deportierten Juden. Amtliche Tarnbezeichnung für die Deportation zur Vernichtung: „An-, Aus- oder Umsiedlung":

„26. September 1942
Geheime Kommandosache!
Chef A/Pr./B.
Tgb. Nr. 050/42 geh.
VS 96/42
Betr.: Verwertung des Besitzes anläßlich der An- und Aussiedlung der Juden.

An den
Leiter der SS-Standortverwaltung Lublin.
Leiter der Verwaltung des K. L. Auschwitz

Unbeschadet der im Laufe des Monats Oktober zu erwartenden Gesamtordnung hinsichtlich Verwertung des beweglichen und unbeweglichen Besitzes der umgesiedelten Juden wird hinsichtlich des

Nürnberger Ärzteprozess 3. Juli 1947
Unter den Angeklagten: SS-HSTF Dr. med. Sigmund Rascher; Dr. Rudolf Brandt; Dr. Grawitz, Reichsarzt-SS;
Prof. Dr. Gebhardt; Dr. Fahrenkamp; Prof. Dr. Pfannenstiel; Prof. Dr. Holzlöhner; Prof. Dr. Hippke, General-
oberstabsarzt; Prof. von Lützelburger; SS-HSTF Dr. Fischer.

eingebrachten Gutes, das künftig in allen Anordnungen als Diebes-,
Hehler- und Hamstergut zu bezeichnen ist, schon jetzt folgendes
bestimmt:

a. *Alle Barbeträge in deutschen Reichsbanknoten sind auf das
Konto W.-V.-Hauptamt 158/1488 bei der Reichsbank Berlin-
Schöneberg einzuzahlen.*

b. *Devisen (gemünzt oder ungemünzt), Edelmetalle, Schmuckstücke,
Ganz- oder Halbedelsteine, Perlen, Zahngold und Bruchgold
sind an das SS-Wirtschafts-Verwaltungshauptamt abzuliefern.
Dieses ist für die sofortige Weiterleitung an die Deutsche
Reichsbank verantwortlich.*

c. *Uhren jeder Art, Wecker, Füllfederhalter, Drehbleistifte,
Rasierapparate für Hand- und elektr. Betrieb, Taschenmesser,
Scheren, Taschenlampen, Brieftaschen und Geldbörsen werden
durch das SS-W.-V.-Hauptamt in Spezialwerkstätten instand
gesetzt, gereinigt und geschätzt, um dann raschenstens der
Fronttruppe zugeführt zu werden Die Abgabe an die Truppe
erfolgt gegen Bezahlung durch die Marketendereien. Es sind 3-4
Preisklassen festzulegen und sicherzustellen, daß jeder Führer
oder Mann höchstens eine Uhr kaufen kann. Ausgenommen*

*vom Verkauf bleiben die goldenen Uhren, deren Verwertung ich
mir vorbehalte. Die Gesamterlöse werden dem Reiche zugeführt.*

d. *Männerwäsche. Männerbekleidung einschl. Schuhzeug ist zu
sortieren und abzuschätzen. Nach Deckung des eigenen Bedarfs
für K. L.-Insassen und ausnahmsweise für die Truppe ist die
Abgabe an die Volksdeutsche Mittelstelle vorzunehmen. In jedem
Falle ist der Erlös dem Reich zuzuführen.*

e. *Frauenkleidung. Frauenwäsche einschl. Fußbekleidung,
Kinderkleidung und Kinderwäsche einschl. Schuhzeug ist an die
Volksdeutsche Mittelstelle gegen Bezahlung abzugeben.
Reinseidene Wäschestücke sind nach Anordnung des SS-W.-V.-
Hauptamtes an das Reichswirtschaftsministerium abzugeben.
Das gleiche gilt auch für Wäsche zu d).*

f. *Federbetten, Steppdecken, Wolldecken, Anzugstoffe, Schals,
Schirme, Stöcke, Thermosflaschen, Ohrenschützer, Kinderwagen,
Kämme, Handtaschen, Ledergürtel,
Einkaufstaschen, Tabakpfeifen, Sonnenbrillen, Spiegel, Bestecke,
Rucksäcke, Koffer aus Leder und Kunststoffen sind an die
Volksdeutsche Mittelstelle abzugeben. Die Frage der
Entschädigung wird noch geregelt. Eigenbedarf an Steppdecken,*

Wolldecken, Thermosflaschen, Ohrenschützern, Kämmen, Bestecken und Rucksäcken kann von Lublin und Auschwitz gegen Vergütung aus Haushaltsmitteln entnommen werden.

g. Wäsche, wie Bettlaken, Bettbezüge, Kopfkissen, Handtücher, Wischtücher, Tischdecken, sind an die Volksdeutsche Mittelstelle gegen Bezahlung abzugeben. Bettlaken, Bettbezüge, Handtücher, Wischtücher und Tischdecken können für den Bedarf der Truppe – gegen Vergütung aus Haushaltsmitteln – herausgezogen werden.

h. Brillen und Augengläser in jeder Form sind an das Sanitätsamt zur Verwertung abzugeben. (Brillen mit Goldgestellen müssen ohne Gläser mit den Edelmetallen abgeliefert werden.) Eine Abrechnung über die Brillen und Augengläser kann des geringen Wertes und der beschränkten Verwendungsfähigkeit wegen unterbleiben.

i. Edelpelze aller Art, verarbeitet oder unverarbeitet, sind an das SS-W.-V.-Hauptamt abzuliefern. Pelzwaren unedler Art (Schafpelze, Hasen-, Kaninchenpelze usw.) sind unter Benachrichtigung des SS-W.-V.-Hauptamtes, Amt BII, an das Bekleidungswerk der Waffen-SS, Ravensbrück b/Fürstenberg (Mecklbg.) abzuliefern.

k. Alle unter Buchstabe d, e, f aufgeführten Gegenstände, welche nur 1/5 oder 2/5 Tragewert besitzen oder überhaupt unbrauchbar sind, werden durch das SS-W.-V.-Hauptamt dem Reichswirtschaftsministerium zur Verwertung zugeführt. Soweit Artikel anfallen, die unter b-i nicht enthalten sind, ist über deren Verwertung die Entscheidung des Chefs des SS-W.-V.-Hauptamtes einzuholen.

Alle Preise setzt das SS-W.-V.-Hauptamt fest unter Beachtung gesetzlicher Richtpreise. Diese Festsetzung kann auch nachträglich stattfinden. Zeit- und personalraubende, kleinliche Wertfeststellungen können unterbleiben.

Im allgemeinen sind Durchschnittsstückpreise festzusetzen, z.B. für eine gebrauchte Männerhose 3,- Mark, für eine Wolldecke 6,- Mark usw.

Für die Ablieferung der unbrauchbaren Gegenstände an das Reichswirtschaftsministerium sind im allgemeinen Kilopreise zugrundezulegen.

Alfried Krupp (rechts) beim Verhör in Nürnberg November 1947

Es ist streng darauf zu achten, daß bei allen zur Abgabe kommenden Kleidern und Überkleidern der Judenstern entfernt wird.

Es sind ferner mit größtmöglichster Sorgfalt alle zur Abgabe kommenden Gegenstände auf versteckte und eingenähte Werte zu untersuchen.

I.V. gez. Frank

SS-Brigadeführer und Generalmajor der Waffen-SS"

Hitlers Testamente

jeden einzelnen verpflichtet, immer dem gemeinsamen
Interesse zu dienen und seine eigenen Vorteile demgegenüber zurückzustellen. Von allen Deutschen,
allen Nationalsozialisten, Männern und Frauen
und allen Soldaten der Wehrmacht verlange ich, daß
sie der neuen Regierung und ihren Präsidenten treu
und gehorsam sein werden bis in den Tod.

Vor allem verpflichte ich die Führung der
Nation und die Gefolgschaft zur peinlichen Einhaltung der Rassegesetze und zum unbarmherzigen
Widerstand gegen den Weltvergifter aller Völker,
das internationale Judentum.

Gegeben zu Berlin, den 29. April 1945, 4.00 Uhr.

Ein halbes Jahr nach Hitlers Selbstmord erhielt ich den Auftrag, seine von den Sowjets gefundenen Testamente, ein „privates" und ein „politisches", ins Englische zu übersetzen. Hier einige Passagen aus dem politischen Testament, im dem er sich – uneinsichtig bis zum letzten Atemzug und ohne Reue – in Selbstbeweihräucherungen und altbekannten Hasstiraden gegen das „internationale Judentum" ergeht:

„Seit ich 1914 als Freiwilliger meine bescheidene Kraft im ersten, dem Reich aufgezwungenen Weltkrieg einsetzte, sind nunmehr über dreissig Jahre vergangen. In diesen drei Jahrzehnten haben mich bei all meinem Denken, Handeln und Leben nur die Liebe und Treue zu meinem Volk bewegt. Sie gaben mir die Kraft, schwerste Entschlüsse zu fassen, wie sie bisher noch keinem Sterblichen gestellt worden sind. Ich habe meine Zeit, meine Arbeitskraft und meine Gesundheit in diesen drei Jahrzehnten verbraucht.

Es ist unwahr, dass ich oder irgendjemand anderer in Deutschland den Krieg im Jahre 1939 gewollt haben. Er wurde gewollt und angestiftet ausschliesslich von jenen internationalen Staatsmännern, die entweder jüdischer Herkunft waren oder für jüdische Interessen arbeiteten. ... Es werden Jahrhunderte vergehen, aber aus den Ruinen unserer Städte und Kunstdenkmäler wird sich der Hass gegen das letzten Endes verantwortliche Volk immer wieder erneuern, dem wir das alles zu verdanken haben: Dem internationalen Judentum und seinen Helfern! ..."

Hitler beendete sein politisches Testament auf Seite 10 mit den Worten:

„Vor allem verpflichte ich die Führung der Nation und die Gefolgschaft zur peinlichen Einhaltung der Rassengesetze und zum unbarmherzigen Widerstand gegen den Weltvergifter aller Völker, das internationale Judentum.

Gegeben zu Berlin, den 29. April 1945, 4.00 Uhr."

Als Zeugen unterzeichneten Joseph Goebbels, Martin Bormann, Wilhelm Burgdorf und Hans Krebs.

„Wenn das der Führer wüsste!", dass einer seiner „Weltvergifter" seinen giftigen Wahnsinn für das „Office Director of Intelligence" übersetzt hat, er würde aus seiner Asche auferstehen.

Wer ist er? Wer bin ich?

Am Mittwoch, den 29. August 1945 verließ ich mit meinen 21 Ami-Buddies der Spezialgruppe London. Drei Stunden später landeten wir in meiner Geburtsstadt, von der ich sieben Jahre zuvor Abschied genommen hatte und die ich nie wieder hatte betreten wollen. Mit uns landeten die 36 Holzkisten aus Hallein, alle nummeriert und markiert mit „O.D.I.". Trotz der Enthüllungen über die entsetzlichen Grausamkeiten des Nazi-Regimes, war ich nicht vorbereitet auf das, was ich in Berlin erblickte, erlebte und erfuhr.

Bereits beim Appell am Tag meiner Ankunft, als wir wohlgenährten Amis uns um 18 Uhr in Zehlendorf versammelten und zu den Klängen einer Trompete vor den sich langsam senkenden „Stars and Stripes" stolz und stramm salutierten und verhärmte Berliner Gestalten zögernd auf die Fahrbahn traten, uns verängstigt oder misstrauisch musternd, wurde mir bewusst, dass auch ich einmal ein Bürger dieser Stadt gewesen war und den Beginn des Unheils miterlebt hatte, bevor ich „entstaatlicht" wurde. Und in dem Moment, als ein einarmiger Mann – er konnte 35 oder 53 Jahre alt sein – mit seinem klapprigen, dreirädrigen, mit alten Klamotten gefüllten Karren genau vor mir auf der Straße gebeugt stehen blieb, seine graue Mütze mit dem einen Arm abnahm und auf den Asphalt starrte, in dem Moment schoss

mir die quälende Frage durch den Kopf: Wer ist er? Wer bin ich? War er ein Nazi gewesen? Hatte er teilgenommen oder „nur" zugeschaut, als Juden bedroht, misshandelt, verschleppt und ermordet wurden? Oder war er ein Mensch wie unser katholisches Fräuchen, die meiner Schwester das Leben gerettet hatte? Was hatte er gewusst oder hatte er es nicht wissen wollen? War ich berechtigt, diesen Unbekannten zu verurteilen?

Für mich war es nicht einfach, in dieser Zeit statt Richter Beobachter zu bleiben.

linke Seite:
US-Hauptquartier
in Berlin-Zehlendorf
29. August 1945

75

Meine ersten Erlebnisse im Nachkriegs-Berlin

Nollendorfplatz 1945

Am Morgen nach meiner Ankunft saust kurz vor der damaligen amerikanisch-britischen Sektorengrenze ein Lieferwagen an mir vorbei. Ein Schuss. Ein zweiter Schuss. Der Wagen schlingert und kippt einige Schritte vor mir um. Zwei amerikanische M.P.'s schlendern zur Szene. Eine junge, blutende Frau klettert vom Vordersitz über einen zwischen Steuerrad und Sitz eingequetschten Mann hinweg aus dem Auto. Der M.P. macht Notizen, fragt mich, ob ich die Leute kenne, und beendet schließlich das Ganze als „eine Sache für die Deutschen". Für ihn ansonsten ein klarer Fall: „Son-of-a-bitch raced through the checkpoint like real crazy. All vehicles must stop for inspection. That's an order! The bastard raced right through. Of course, we fired. That did it." – „Könnten Sie die verletzte Frau zum Hospital bringen lassen?", frage ich den M.P. „We can't do nothing for a Kraut. Ain't your business, brother." Ich lasse mich nicht davon beeindrucken und bringe Gerda zu unserem Hospital.

Der amerikanische Arzt verweigert eine gründliche Untersuchung, säubert und verbindet aber die blutende Wunde an Gerdas Arm. Die etwa Mitte Zwanzigjährige erzählt mir draußen die Wahrheit und andere Lügen: „Ich wollte fünf Kanister Benzin aus dem englischen in den amerikanischen Sektor zu einem Freund aus der sowjetischen Zone bringen ... Also, der brauchte unbedingt Geld. Und mein Freund, der Walter, der hat einen Lieferwagen und für eine Stange Chesterfield ... Also, o.k. Und kurz vor dem blöden - wie heißt das Ding? - also dem Chesterpoint ... Walter verringerte sein Tempo. Und ich dachte, es wäre am besten, einfach durchzubrausen. Aber Walter bestand darauf und fuhr noch langsamer. Kurz vor der Grenze ... also ich, ganz automatisch, drücke mit meinem linken Fuß mit aller Kraft auf das Gaspedal. Ja, und wie das nun war, also der Walter wollte oder konnte meinen Fuß nicht wegschieben. Ja, und da sausten wir an dem Posten vorbei, und 'ne Sekunde später hörte ich einen Schuss. Und dann kam der nächste!" Gerda fing an zu weinen. „Der Walter hat zwei kleine Kinder."

Am Nachmittag desselben Tages wollte ich das Zentrum meiner Geburtsstadt wiedersehen; ich wusste noch nicht, dass es dieses Zentrum nicht mehr gab. Dank einiger noch funktionierender U- und S-Bahnen erreichte ich das Brandenburger Tor, Wahrzeichen dieser Stadt und nun Grenze zwischen den Sektoren der drei westlichen Alliierten und dem östlichen sowjetischen Sektor. Einige Schritte entfernt träumte der fast völlig zerstörte Reichstag von besseren Zeiten. An frühere Zeiten dachte auch ich, besonders an die Nacht vom 27. Februar 1933, als ich mit meinem Bruder durch den Tiergarten zum brennenden Reichstag gerannt war. Später stellte sich heraus, dass Hermann Göring persönlich, der Reichsstatthalter und Reichstagspräsident, den Brand inszeniert, aber einem geistig behinderten Holländer und dem bulgarischen Kommunisten Georgi Dimitrow in die Schuhe geschoben hatte. Der Prozess war ein totales Fiasko für die Nazis, weil Dimitrow sich selbst so unwiderlegbar verteidigte, dass er freigesprochen werden musste.

Auf der weiteren Suche nach meiner Vergangenheit verschwand ich in der unterirdischen U-Bahn Richtung Westen. An der Station „Zoologischer Garten" erwartete mich ein oberirdisches Trümmerfeld. In der Budapester Straße gegenüber vom Elefantentor-Eingang zum Zoo lag die ehemalige Wohnung meiner Großeltern unter Schutt und Asche begraben. Mein Elternhaus, Schlüterstraße 27, wo ich vor sieben Jahren von Steffi, Fräuchen und meinem Vater Abschied genommen hatte, war ebenfalls nur noch eine Ruine. Zwischen Trümmerbergen

rechts und links wanderte ich zur Sächsischen Straße/ Ecke Pariser Straße, der letzten Wohnung von Omutti und ihrer ältesten Tochter, Tante Hedi, vor ihrem Abtransport nach Theresienstadt am 17. Juli 1942. In den Trümmern der Sächsischen Straße fand ich wie durch ein Wunder ein von mir selbst gemachtes Foto meiner damals zwölfjährigen Schwester. Nicht weit entfernt das Haus Meinekestraße 12, wo Steffi 1924 geboren wurde. Es hatte den Krieg überlebt.

Es war dunkel geworden. In der ruhelosen Nacht dachte ich an die vielen Toten meiner Familie, und nur das junge Gesicht meiner Schwester konnte das Inferno dieser Schattenwelt für einige Augenblicke wegwischen.

Wenn ich in diesen Wochen und Monaten durch Berlin wanderte, kam es mir so vor, als hätte ich zwei paar Augen. Mit meinen amerikanischen Augen nahm ich die zertrümmerten Straßen und Gebäude wahr. Sobald ich mich aber umdrehte, erblickten meine Berliner Augen nur verstörte Menschen vor und hinter den Kulissen einer germanischen Tragödie. Es waren aber keine Kulissen, sondern die Überreste des „Tausendjährigen Reiches". Ich stellte mir vor, dass ich plötzlich meine große Jugendliebe hier wieder treffen würde. Würde ich sie überhaupt erkennen, so verbraucht, so gealtert oder so verkrüppelt sie jetzt vielleicht aussah? Würde ich ein solches tragisches Geschöpf umarmen oder einfach wegschauen? Würde der Anblick einer so Veränderten nicht auch meine Erinnerungen verändern? Vielleicht weniger äußerlich, aber innerlich war ich ja auch nicht derselbe geblieben.

Trümmerfund: Steffis Foto von 1937

Das Leben geht
weiter.

Berliner Trümmerfrauen

linke Seite:
Erste Reparaturarbeiten 1946
Im Hintergrund das Rote Rathaus

Die Gnade meiner jüdischen Geburt

**Jahrmarkt vor dem
zerbombten Berliner Schloss** 1946

Mein Problem war, dass alle meine Gedanken und Erinnerungen von meinem deutschen Vorder- und meinem jüdischen Hinterkopf beeinflusst wurden. Kaum in Berlin angekommen, sah ich im Geiste meine alten Berliner Freunde vor mir. Aber gleichzeitig hörte ich hinter mir marschierende SA-Männer im Schritt und Tritt und mit Gebrüll: „Wenn's Judenblut vom Messer spritzt, dann jeht's nochmal so jut!" Zum Glück durfte ich nicht „in Schritt und Tritt" mitmarschieren; durfte ich nicht der Hitlerjugend, der Partei oder der SA beitreten; nicht in der Wehrmacht dienen; keine Befehle ausführen, die gegen alle Gesetze der Menschlichkeit verstießen; nicht in Stalingrad krepieren; nicht zum Übermenschen erkoren werden. Dass ich ein „Mensch" bleiben konnte, das war „die Gnade meiner jüdischen Geburt".

In dieser Formulierung liegt eine versteckte Ironie, die von meinen deutschen Freunden der nächsten Generation oft nicht verstanden wurde. Obgleich Hitler mich, wie zuletzt noch einmal in seinem politischen Testament, auf Grund meiner jüdischen Geburt zum „Weltvergifter aller Völker" gestempelt hatte, bewahrte mich eben dieses Verdikt davor, für die verbrecherischen Taten, Nichttaten oder Untaten von Hitler-Deutschland Verantwortung tragen und mich später hinter Wiedergutmachungsversuchen verstecken zu müssen. Erst viele Jahre später, als ich meine deutschen Altersgenossen zu ihren Erinnerungen befragte und auch über meine nachdachte, wurde ich mir dieser schwerwiegenden Erleichterung auf Grund meiner Geburt bewusst: *Mein* Vater hatte nicht die Judensterne gedruckt. *Meine* Mutter war keine leitende BdM-Führerin. *Mein* Onkel hatte nicht den „Stahlhelm" gegründet. *Meine* Schwester musste nicht nach dem Krieg an den Leichenbergen ermordeter KZ-Häftlinge in Buchenwald vorbeigehen. *Mein* Leutnant hatte keine russischen Kinder mit seinem Panzer überfahren. *Meinem* General musste ich nicht melden, dass ich erschossene russische Gefangene im Schnee entdeckt hatte. Vielleicht hatte ein ehemaliger Klassenkamerad nicht ganz unrecht, als er sagte: ‚Du hast es leicht gehabt, Heinz. Du bist ausgewandert.'" (Aus meinem Buch: „Abschied meiner Generation", Argon Verlag 1992)

Allerdings, um zu erfahren, dass mich die Ausgrenzung und Verfolgung als Jude paradoxerweise auch vor etwas „bewahrt" und „verschont" hat, um also in diesem Sinne die jüdische Abstammung als „Gnade" zu *erleben*, musste man *überlebt* haben, und das gelang nicht vielen der europäischen Juden. Um dem „Dritten Reich" zu entkommen, benötigte man mehr als die sprichwörtliche „Chuzpe". Günstige Zufälle als solche zu erkennen gehörte dazu und vor allem Glück, das Glück zum Beispiel rechtzeitig und gesund einen „Hafen" im sicheren Ausland zu erreichen. Ganz so leicht, wie sich das mein ehemaliger Klassenkamerad vorstellte, war es gewiss nicht, besonders wenn ich an den antisemitischen amerikanischen Konsul in Berlin zurückdenke, an dem nicht nur meine Flucht aus Nazi-Deutschland, sondern später beinahe auch die meiner Schwester gescheitert wäre. Auch war es nicht so leicht, das andauernde „Don't worry!" von wohlmeinenden Amerikanern in Manhattan zu ertragen, während die wenigsten zu echter Hilfe bereit waren. Und ganz und gar nicht leicht waren auch die deprimierenden beruflichen Anfänge als Handelsvertreter für Staubsauger oder als Sklave von Louis Gross.

Mein Verhältnis zu den Deutschen, über das ich vermutlich niemals nachgedacht hätte, wenn es Hitler nicht gegeben hätte – ich war ja selber ein Deutscher –, war schwierig geworden. Vor kurzem fand ich einen Brief wieder, den ich zehn Tage nach meiner Ankunft in Berlin an Dorothy Haller in Indien geschrieben hatte; er ist ein Spiegelbild meiner widerstreitenden Gefühle:

„Berlin, Sept. 9, 1945. Ein herrlicher Sonntagmorgen. Die Sonne strahlt auf die friedliche Zehlendorfer Gegend. Könnte ich von meinem Fenster aus noch weiter in die Ferne schauen, würde sich dieses friedliche Panorama in einen Anblick der Verwüstung verwandeln. Im Zentrum der Stadt sieht es schlimm aus! Wo und wie drei Millionen Berliner unterkommen, ist mir ein Rätsel. Auf den fast lautlosen Straßen sieht man nur wenige Menschen. Die meisten bewegen sich mürrisch und deprimiert und kaum miteinander redend durch die sonnige Trümmerwüste.

In den übrig gebliebenen Tanzlokalen und Bars herrscht ausgelassenes Vergnügen, Saufen, Tanzen und Radau. Ist es Galgenhumor? Ist es, von der ganzen Misere nichts mehr sehen oder hören zu wollen? Ist es die Möglichkeit, alliierte Soldaten zu treffen und mit ihrer Hilfe Wege zum blühenden Schwarzmarkt zu organisieren? Wahrscheinlich ist es eine Mischung von allem.

Deutsche Frauen, die in der großen Ami-Messhall mit steinernen Gesichtern unsere Essensportionen austeilen, gehören zu einer besonderen Klasse. Sollte ein Soldat um eine zweite Portion bitten, benehmen sich diese ‚Fräuleins', als ob sie den Nachschlag aus eigener Tasche bezahlen müssten. Wenn ich aber bedenke, dass sie sich eine ganze Woche von dem ernähren müssen, was wir an einem Tag verschlingen, kann ich ihre Missgunst sogar verstehen. Eine solche Mischung aus Ärger und Mitleid bringt mich meistens in einen Zwiespalt der Gefühle.

Was mich stört, ist, dass die Mehrzahl der Berliner uns mit ihren Verlusten beeindrucken will, um in ihrem Existenzkampf vorteilhafte Beziehungen mit uns Amis anzuknüpfen. Sie wollen auch beweisen, wieviel höher sie uns schätzen als die bösen, bösen Russen. Dass unsere roten Alliierten sehr viele Frauen vergewaltigt und fast alles geplündert, verbrannt und vernichtet haben, was von ihrer Artillerie nicht bereits in Schutt und Asche gelegt worden war, das steht allerdings außer Frage.

Nach nur einer Woche in Berlin sollte ich mir keine schnellen Urteile erlauben. Aber je länger ich mich mit Himmlers geheimen Dokumenten beschäftige, besonders mit der Übersetzung der Beschreibungen von unmenschlichen Versuchen an Menschen, um so mehr wird mir bewusst, wieviel Glück ich hatte, noch rechtzeitig Nazi-Deutschland verlassen zu haben – und nicht nur wegen der drohenden physischen Zerstörung, sondern auch, weil ich nicht ein Opfer der moralischen Vernichtung wurde.

In mir brodelt ein emotionales Gemisch: Haben die Deutschen dieses Chaos verdient? Wahrscheinlich – zumindest ein großer Teil von ihnen. Aber wie kann ich, wenn ich hungrige Menschen, verkrüppelte Menschen, leidende Menschen, verhärmte Menschen sehe, alle umgeben von Trümmern, viele total verarmt, einige hilflos verloren, wie kann ich angesichts dieses Leids kein Mitleid empfinden? Rachsucht hilft überhaupt nicht.

Liebe Dorothy, ich könnte noch mehr zu diesem Thema schreiben, habe aber nicht die Absicht, ein Buch daraus zu machen. Dein Henry"

Sie sind Menschen wie du und ich, basta!

Unser Fräuchen Bingen 1945

„Im August 1924 nahm ich eine Stellung an als Hausdame und Erzieherin bei einer jüdischen Familie in der Meinekestraße in Berlin. Das jüngste Kind, Steffi, war gerade geboren, und die Eltern brauchten jemanden, der sich nicht nur um Mutter und Tochter kümmerte, sondern auch um die zwei Jungs, den zehnjährigen Kurt und seinen siebenjährigen Bruder Heinz. Die beiden Knaben waren mir zu wohlerzogen, zu penibel und sauber, zu ‚vornehm‘ mit ihren Dutzenden von Anzügen und zu sehr Muttersöhnchen in Gegenwart ihrer Eltern. Trotzdem waren es Jungen! Und da Jungs von Natur aus frech und draufgängerisch sind, und meiner Ansicht nach auch sein sollen, versuchten sie sich für die etwas zu strengen, aber liebevollen Erziehungsmethoden der Mutter bei mir zu entschädigen. Wahrscheinlich hatten sie bei meinen diversen Vorgängerinnen bereits Ähnliches probiert und natürlich bei allen anderen – bei der Klavierlehrerin, der ‚Mademoiselle‘, der Köchin, dem Dienstmädchen und auch bei den fünf früheren ‚Verzieherinnen‘. Mit mir haben sie es nicht geschafft. Statt ‚Fräulein‘ wurde ich für die Jungs ihr ‚Fräuchen‘ und bald auch für die ganze Familie. Ich bin es heute noch!

Ich bin katholisch – nicht besonders religiös, aber in der Kirche – fühlte mich aber bald sehr wohl in dieser liberalen, auch nicht frommen, jüdischen Familie. Gott, wenn ich an die Weihnachtstage denke! Schon eine Woche vorher schleppte der Vater mit den zwei Jungs einen immer zu großen, schönen Weihnachtsbaum vom Kurfürstendamm in die Wohnung, den die Mutter und ich schmückten. Und wie der geschmückt wurde! Da hing alles dran, was man sich nur vorstellen kann – das Christkind natürlich nicht.

Heiligabend kamen die Großeltern. ‚O Tannenbaum‘ wurde aufs Grammophon gelegt,

und dann kam die Bescherung. Manchmal glaubte ich, es sei wirklich zu viel der Verwöhnung. Und am Weihnachtstag wiederholte sich das Ganze bei ‚Omutti‘ und ‚Opapi‘ in ihrer Riesenwohnung in der Budapester Straße gegenüber dem Elefantentor vom Zoo. Aber jetzt versammelte sich die ganze ‚Mischpoke‘, wie sie sagten. Die drei Töchter, zwei Schwiegersöhne und sieben Enkelkinder saßen am langen Tisch im Esszimmer. Es gab Nudelsuppe mit Kräppchen, Karpfen mit Beilagen, diverse Kuchen und Torten mit Schlagsahne, alles in der großen Küche von Amanda zubereitet und gebacken.

Im Kreis der Familie und in dieser Gegend von Berlin verspürten wir wenig vom verlorenen Krieg, von Inflation und Deflation, von Demonstrationen und Streiks, von Straßenschlachten zwischen Kommunisten und Nazis. Wir sahen und hörten nichts davon und wir kümmerten uns auch nicht darum.

Außerdem hatte ich mehr als genug zu tun. Nicht nur machten mir die Jungs und die kleine Steffi genug Arbeit, sondern ich hatte bald auch die Köchin und das Dienstmädchen zu beaufsichtigen. Und langsam nahm ich auch an privaten Familienproblemen teil. Diese Probleme begannen 1927 nach dem Tod des Großvaters, des strengen, von seinen Töchtern verehrten, von den Schwiegersöhnen gefürchteten und von den Enkeln bewunderten Herrn Wiener. Am schlimmsten war der Freitod der Mutter 1930. Sie hatte Veronal genommen und wurde nicht weit von Opapis Grab beerdigt. Jetzt mußte ich nicht nur den Haushalt vollständig alleine führen, sondern auch die Verbindung zu anderen Mitgliedern der Familie halten, abgesehen von der besonders großen Verantwortung für ‚meine‘ Kinder.

Drei Jahre später kamen Probleme, die wir unterschätzt haben, und neue Gesetze, die wir *als vorübergehend betrachteten, aber es wurde im Gegenteil immer schlimmer. Meine Einstellung gegenüber deutschen Juden kann ich leicht und kurz beschreiben: Sie sind Menschen wie du und ich, basta! Ich habe meine Kinder sehr geliebt und die alte Dame ganz besonders verehrt, diese so verantwortliche Omutti, obwohl ich sie immer nur als ,Frau Wiener' angesprochen habe.*

Langsam verlor ich meine Familie. Zuerst die Männer: Kurt emigrierte 1936 nach Brasilien. Heinz war der nächste: 1938 gelang es ihm Amerika zu erreichen. Im Sommer 1939 folgte der Vater, für den Heinz ein Visum besorgt hatte. Und als der Krieg ausbrach, waren wir Frauen alleine in Berlin: Omutti, Tante Hedi und Tante Elli, meine fünfzehnjährige Steffi und ich. Soweit ich es konnte, unterstützte ich alle moralisch und wirtschaftlich. Ich versuchte, genügend Lebensmittelkarten zu bekommen und so die brutale Gewalt der Gesetze zu mildern. Ein Freund bei der Polizei half mir dabei.

Anfang 1941 gelang es Heinz mit Hilfe der Quäker, mein Lieblingskind Steffi in einem plombierten Zug über Paris und Madrid nach Lissabon und von dort mit dem Schiff nach New York zu holen. Am 13. Februar musste ich von ihr Abschied nehmen, das war sehr schwer für mich. Aber zumindest blieb dem Kind der gelbe Stern erspart, den Juden ein halbes Jahr später tragen mussten.

Es hat keinen Sinn, über Krieg, Zerstörung, Judenverfolgung, Hunger, Sorgen, Grausamkeiten zu reden. Das ist ja alles tausend Mal gesagt und geschrieben worden. Trotzdem kann man es nicht beschreiben. Omutti und Tante Hedi wurden am 17. Juli 1942 abgeholt. Ich suchte sie noch im Sammellager in der Rotenstraße auf, bevor sie nach Theresienstadt transportiert wurden. Sie überlebten nicht. Auch Tante Elli schaffte es nicht.

Jetzt brauchte niemand mehr meine Hilfe und meine Liebe. Meine Kinder wurden zu Briefen und Fotos. Dann kam Schweigen. Ohne Familie und ohne Post, so konnte ich dort nicht bleiben. Ich entschloss mich, aus Berlin wegzugehen.

Ich fand eine Stelle als Haushälterin bei einem älteren Herrn in Bingen, einem pensionierten Ingenieur, der sich oben auf dem Rochusberg gegenüber dem katholischen Kinderheim ein Haus gebaut hat, von wo er auf ,seine' Brücke über den Rhein schauen kann. Das ist sein Kind. Es ist ein ruhiges, etwas einsames Leben hier oben auf dem Berg. Manchmal besuche ich eine der Schwestern im Heim. Unten in der Stadt tobte zum Schluss der Krieg, Bingen ist fast in Schutt und Asche versunken. Aber auf einmal hieß es: ,Die Amis kommen!' Ich habe sofort weiße Bettlaken aus den Fenstern gehängt. Alles ging so schnell, ich kann's gar nicht beschreiben. Ich habe jeden amerikanischen Soldaten gefragt, ob er vielleicht meinen Sohn aus New York kennt. Das war natürlich eine dumme Frage. Ich habe abwechselnd nur geweint und gelacht. Mein Junge, der Heinz, er hätte doch dabei sein können!

Was ist aus meinen Kindern geworden? Ich hatte immer noch keine Post, und wir haben hier oben kein Telefon. Funktioniert hätte es sowieso nicht. Und sie wussten sicherlich auch gar nicht, ob und wo ich lebe. Ja und dann kam der 29. Juli '45, ich werde das nie vergessen! Es war ein milder schöner Freitag so gegen 11 Uhr, als es plötzlich klingelte. Ich war oben im Haus beim Putzen. Ich schob die Gardine beiseite und sah eine der Ordensschwestern am Gartenzaun. Da machte ich das Fenster auf und fragte, was denn bloß los sei. Und sie rief zurück: ,Fräulein Schönfeld, seien Sie jetzt bitte nicht aufgeregt ...' Mehr hörte ich nicht, denn da lief ich schon die Stufen hinunter, riss die

Haustür auf, rannte zum Gartentor und schrie: Wo ist er?!"

Dieser „er" war ich! – Obwohl ich oft und lange mit Fräuchen über die Vergangenheit gesprochen habe, hat sie ihre Geschichte nie selbst so in einem Stück erzählt. Aber so hätte Fräuchen sie erzählen können, denn alles beruht auf Wahrheit und darauf, wie ich es von ihr erfahren habe. – Ich hatte herausgefunden, dass Fräuchen nach Bingen gezogen war, hatte aber keine Anschrift und wusste auch nicht, ob sie noch am Leben war. Ich bat meinen Colonel um Familienurlaub, flog von London nach Frankfurt und fuhr per Anhalter nach Bingen. Aber wie fand man einen Menschen, ohne dessen Adresse zu kennen, noch dazu in einer völlig zerbombten Stadt, wo auch die Polizeiwache nur noch eine Ruine unter Ruinen war? Ratlos stand ich auf der staubigen Hauptstraße, als eine schwarz gekleidete Ordensschwester vorbeikam. Ich machte mir Mut und fragte, ob sie vielleicht eine Maria Schönfeld kenne, worauf sie mich mit immer größer werdenden Augen sprachlos anstarrte, bis sie schließlich, als wäre sie im Schock, flüsterte: „Sie sind ihr Sohn!" – Auf dem Weg den Rochusberg hinauf erzählte sie, wie Fräuchen fast eigenmächtig Berg und Stadt „unseren Rettern" übergeben hätte, dass sie recht abgemagert und gealtert sei, und dass sie oft von ihren drei Kindern spreche. Und dann würde sie immer sagen: „Der Heinz wird eines Tages in amerikanischer Uniform zu mir kommen."

Kurz vor der Haustür versteckte ich mich. Ich fürchtete, ein so plötzliches Wiedersehen könnte sie zu sehr aufregen. Hinter einer dicken deutschen Eiche fand ich mein Versteck. In dem Moment fiel mir ein, wie sehr Fräuchen „Siegfried" liebte und wie herzlich sie über mein theatralisches

**Fräuchen und ihre drei ‚Kinder'
vor meinem Haus in Rockland County**
1954

Auftauchen lachen würde. Wir hatten sie ja immer so liebend gerne veräppelt wegen ihres Wagner-Fimmels. – Die schrille Haustürklingel holte mich aus meinen Gedanken. Eine abgemagerte, weißhaarige, ältere Frau erschien oben am Fenster. „Was ist denn los?" Ich hörte die beruhigenden Worte der Ordensschwester, dann lautes, schnelles Klappern von Schuhen auf der Treppe, die knarrende Haustür, den Schrei: *„Wo ist er?!"*

Nach sieben unendlich langen Jahren lag ich in den Armen meines schluchzenden Fräuchens, einer katholischen Deutschen, die meine jüdische Familie bis zum Schluss beschützt und liebevoll betreut hatte. Sie hatte das Regime verachtet. Sie achtete Menschen. Sie rettete Steffis Leben. Das war unser Fräuchen!

1956 erhielt ich einen Brief von Fräuchen, der mit folgenden Worten begann: „Wenn du diesen Brief erhältst, werde ich nicht mehr am Leben sein." Und ihre letzten Worte waren: „Bitte kümmere dich um deine Schwester, wie du es während der letzten fünfzehn Jahre immer getan hast." Kurze Zeit später kam ein Brief von Fräuchens Nichte, der die schlimmsten Befürchtungen bestätigte: Fräuchen hatte sich im Wohnzimmer ihrer Wohnung erhängt. Sie war einige Wochen zuvor beim Kirschenpflücken vom Baum gefallen und hatte an beiden Beinen komplizierte Brüche davon getragen. Ich nehme an, dass diese tatkräftige Frau niemandem zur Last fallen wollte und keines „ihrer" Kinder sie in ihrem hilflosen Zustand sehen sollte.

Unser Fräuchen war ein ganz besonderer Mensch, basta!

Det is zum Tauschen

Bis zur Währungsreform 1948, von den westlichen Alliierten verordnet, von den Sowjets boykottiert und zum Anlass für die Berliner Blockade genommen, war die Deutsche Reichsmark fast wertlos. Wenn zu dieser Zeit jemand etwas erwerben wollte, was er dringend benötigte, dann gelang dies nur durch Tauschen – Handeln und Feilschen um den Tauschwert inbegriffen. Und das konnte manchmal zu ungeahnten Verwicklungen führen oder zu zum Lachen komischen, wie die folgende Geschichte zeigt:

Frau A überredete ihren Gatten eine ihrer Vorkriegssardinenbüchsen – „wo de sowieso die Viecha nich riechen kannst" – für ein Paar gebrauchte Handschuhe einzutauschen. Der Sohn der neuen Besitzerin, Frau B, brauchte unbedingt einen neuen Kamm und klaute die Büchse, während Mutter beim Friseur war. „Seit wann essen wa Sadinen?", schimpfte Großvater C mit seiner Enkelin, die einen ihrer Kämme gegen ihre Lieblingskonserve eingetauscht hatte, und lief sofort zum Trödelmarkt, wo er eine etwa gleichaltrige Tabakpfeife dafür ergatterte. „Schon wieda!", kreischte Frau D, „ausjerechnet Sadinen, wo wa 'n janzen Schrank von die Biesta voll hab'n!", lief zurück zum Trödelmarkt und tauschte die Büchse gegen zwei Lockenwickler ein. Der nächste Besitzer der Sardinenbüchse, der ältere Herr E, setzte zu Hause seine Brille auf die Nase und sah zu seinem Schrecken, dass es nicht eine Büchse Spargel war. Auf der Stelle bat er seine Untermieterin, „det widrige Zeuch für wees ick wat" einzutauschen.

Und so machte diese hochbetagte und verjagte Sardinenbüchse ihre Rundreise durch alle vier Sektoren von Berlin, bis sie bei einem Gepäckträger am Anhalter Bahnhof landete. Endstation! Denn Gepäckträger Z liebte Sardinen. Voller Freude sang er: „In diese heiljen Hallen volla Jötterfunken" und öffnete behutsam die Büchse. „Vadammt nochmal! Det stinkt ja jen Himmel!", rannte zum Sperrschaffner Y auf Bahnsteig 4 und brüllte: „Du Schweinehund! Gauner! Da haste mir 'ne vafaulte, vagammelte Büchse Sadinen anjedreht!" „Woher weeste det?", fragte der, ohne sich aus der Ruhe bringen zu lassen. Der Gepäckträger schnaubte vor Wut: „Woher wees ick det? Hier, riech doch mal selba den Jestank!" Sperrschaffner Y schaute Gepäckträger Z mitleidig an. Dann schüttelte er den Kopf und sagte: „So 'ne Büchse is nischt fürs Essen, lieba Junge. Det ist zum Tauschen!"

Mark – Markt – Schwarzmarkt

Markt auf dem Wittenbergplatz
Berlin 1947

Wenn es auch mit der Reichsmark fast nichts zu kaufen gab, haben konnte man beinahe alles. Es war nur eine Frage von wo und wie. Da gab es – und gibt es heute noch – den Markt unter freiem Himmel auf dem Wittenbergplatz, damals inmitten von Trümmern gegenüber dem völlig zerstörten Ka-De-We (heute so üppig wiederhergestellt, dass es dem „Macy's" in New York Konkurrenz machen könnte). Was man dort 1947 und sogar mit der alten Mark kaufen konnte, lag sorgfältig ausgebreitet auf mitgebrachten Klapptischen: Knöpfe aller Art, Fläschchen, Nadeln, Kämme, Tabakspfeifen, etwas runzelige Karotten, sogar Kartoffeln. Alles was auf, hinter und unter den Tischen lag sah kläglich aus. Aber niemand klagte. – Üppiger ging es dagegen schon in der Kronprinzenallee zu, der heutigen Clay-Allee, was sich nicht nur besser reimt, sondern auch „up to date" anhört. Dort entstand im August 1947 ein Tauschring, der „Barter Exchange", wo man Kameras, Radios, Gläser, Sportartikel, Musikinstrumente usw. gegen andere Musikinstrumente, Sportartikel, Gläser, Radios usw. eintauschen konnte. Anfangs kamen fast nur Amis, bis es sich herumsprach, dass der „Eintritt nicht verboten" war. Nun kamen die Berliner in großen Scharen: zu Fuß, mit dem Fahrrad, auf Rollschuhen, manchmal zweitausend am

90

linke Seite:

**Der Tauschring
in der Kronprinzenallee,
der heutigen Clayallee**

Tag, und alle bestückt mit Gegenständen zum Tauschen. Geöffnet war täglich von 10 bis 18 Uhr außer Sonntag. Man hörte wenig Reden, kaum Lachen, jeder passte genau auf, was es wofür zu tauschen gab. Zu tauschen!, nicht zu kaufen, denn mit Dollars Geschäfte zu machen, war verboten.

Es geschah trotzdem, aber woanders, auf Schwarzmärkten, wo man mit Dollars oder Zigaretten fast alles kaufen konnte. Bei weitem der größte dieser schwarzen Märkte pulsierte Tag und Nacht, und besonders sonntags!, gegenüber dem stark zerstörten Dom am Lustgarten, wo ich eines Sonntagnachmittags Zeuge einer sehr belustigenden Szene zwischen einem amerikanischen und einem russischen Offizier wurde. Ich sah, wie „Jack", wie ich ihn der Einfachheit halber hier nennen möchte, in seinem Jeep vor dem mit einer sehr eleganten, offensichtlich neuen Ledertasche ausgerüsteten „Iwan" anhielt, aus seinem Jeep sprang und seinen offensichtlich voll gepackten „Duffle bag" vom Rücksitz hervorzog.

IWAN: „Alles verkaufen? Alles kaufen! 50 Dollar!"
JACK: „Wait a minute!" Er zieht drei Paar Wollsocken aus dem Sack. „Zwei Dollar jedes."
IWAN: „Alles zwei Dollar."

JACK: „The jerk is crazy. O.k., alles fünf Dollar."
IWAN lacht. „Drei Dollar, o.k.?"
JACK: „O.k. buddy. Alles vier Dollar, kapisch?"
Nach den drei Paar Wollsocken zaubert Jack diverse Gürtel, Hemden, Unterhosen, Schuhe, wollene Handschuhe usw. aus dem Sack. Alles U.S. Army-Eigentum. Über jedes Stück wird verhandelt, gefeilscht, geschachert.
IWAN: „Nix gut. Nix Wolle. Alles sechs Dollar."
JACK: „The guy is nuts. Alles gut! Alles Wolle! Zehn Dollar. Versteh?"
IWAN: „Sieben Dollar. Du auch versteh?"
Sie einigen sich auf acht. Und so geht es weiter bis der Sack geleert ist. Aber nein! Jack fischt grinsend aus der Tiefe des Sacks noch drei Rollen Klopapier. Iwan, der bereits sein Notizbuch aus der eleganten Ledertasche gezogen hat, um die Kosten der erbeuteten amerikanischen Ware zu addieren, lacht laut.
IWAN: „Ein Dollar, Kamerad. Nix mehr."
JACK: „Nix ein Dollar, comrade."
Sie einigen sich auf zwei Dollar und schlagen sich zum Abschluss des Geschäfts brüderlich auf den Rücken. Iwan zieht eine Flasche Wodka aus der Ledertasche:
„Stalin! Truman! Ex!"
Jeder nimmt einen großen Schluck aus der

Pulle. Jack hustet. Iwan lacht. Iwan steckt die Army-Beute in den Zaubersack. Jack steckt seine Dollar in Iwans elegante Ledertasche, wirft sie lässig in den Jeep, setzt sich hinters Steuer und haut ab.

Nix schlechtes Geschäft für Jack!

91

Da kann man doch nicht nein sagen

Tagsüber arbeitete ich an der Übersetzung der von Himmler und seinen Henkern angestifteten ärztlichen Versuche an KZ-Häftlingen. Was ich in diesen peniblen und gewissenlosen Versuchsberichten las und erfuhr, bleibt bis heute zutiefst erschütternd.

Am Abend machte ich mich zu Fuß auf den Weg zu mir unbekannten früheren Freunden meines Vaters, um Care-Pakete zu überbringen. Sollten die Adressen noch stimmen, sollten die Freunde noch am Leben sein, sollten sie noch in denselben vier Wänden wohnen und sollten sie gerade zu der Zeit zu Hause sein, bestanden sie mit großer Dankbarkeit darauf, den Abend bei ihnen zu feiern. – Da kann man doch nicht nein sagen!

Komplizierter war es, wenn der frühere Freund nicht mehr am Leben oder ausgebombt, verzogen oder ausgewandert war und wenn ein Freund des Freundes um eines der unzustellbaren Pakete für seine Familie bat, – da kann man doch nicht nein sagen. Und manchmal feierte ich auch Abende mit viel jüngeren Berlinerinnen, die in gewissen Aspekten auch hungrig geworden waren. Da durfte ich als Gentleman doch keineswegs nein sagen! Aber wenn jemand den Stapel von Care-Paketen in meinem Büro sah und „Halbe-Halbe" vom Gewinn auf dem Schwarzmarkt machen wollte, – da konnte ich auch „nein" sagen.

Ich hatte aber „ja" gesagt, als ich für fünf Stangen Chesterfield eine gut erhaltene Leica erhielt. Ein anderes Mal tauschte ich im Berliner Zoo eine Stange für einen Schäferhund ein. Hundeliebhaber brachten ihre Lieblinge zum Zoo, wo wertvolle Tiere Futter erhielten. Der Wärter führte mich zu einem Käfig, in dem sich ein Schäferhund in die hinterste Ecke verkrochen hatte. Seine Nachbarn – im linken Käfig eine Löwin, im rechten ein Jaguar – brüllten und fauchten, während sie rastlos am Gitter entlang strichen und ihr Fell gegen die Eisenstangen rieben.

Der verängstigte Hund hieß Flott. Es war ein liebes Tier, gehorsam und auch ohne Leine immer „bei Fuß". Aber Flott hatte ein Problem: Er konnte nicht bellen. Oder wusste er nicht, wie ein Hund bellt? Für mich war das eine Enttäuschung, denn ein großer, scheinbar ganz gesunder Hund, der selbst bei Provokationen nicht bellt, ist doch kein echter Schäferhund! Eines Abends, als Flott und Herrchen zu Hause waren, begann der Leuchter an meiner Zimmerdecke rhythmisch zu schwingen. Der Cellist über mir musste wohl ziemlich kräftig mit dem Fuß den Takt geschlagen haben, was meine Lampe zum Mittanzen veranlasste. Offensichtlich war Flott ebenfalls ein Musikliebhaber, denn erst leise, dann etwas lauter und noch lauter, Ohren und Augen unverwandt zur Decke gerichtet, jaulte und endlich *bellte* mein Flott! Seit diesem Abend wurde Flott mein ständiger Begleiter und Beschützer in Berlin.

Flott und sein Herrchen

„Photo by Ries"

Mein Assistent und ich im Redaktionsbüro des OMGUS Observer Berlin 1946

Am 15. Februar 1946 schied ich aus der Armee aus und wurde Bildreporter des „OMGUS Observer", einer wöchentlich erscheinenden Illustrierten der amerikanischen Militärregierung (Office Military Government United States). Eines der Ereignisse, über das ich für den OMGUS berichtete, war eine Rede des amerikanischen Außenministers James F. Byrnes im Stuttgarter Opernhaus am 6. September 1946. Nach zwei oder drei Photos – Byrnes umgeben von elf Mikrofonen und seinen Begleitern: Botschafter Murphy, den Senatoren Vandenberg und Connally sowie General McNarney – legte ich meine Kamera beiseite. Ich wollte der Rede folgen und mir einige Notizen machen.

Tatsächlich war der Inhalt dieser Rede ein besonders wichtiges und wohl auch unerwartetes Ereignis, besonders für die zu der Veranstaltung eingeladenen deutschen Mini-

sterpräsidenten der drei Länder in der amerikanischen Besatzungszone. Es war sicherlich das erste Mal, dass das deutsche Publikum von einem der „Großen" aus Washington über die politischen Pläne Amerikas für Deutschlands Zukunft informiert wurde. Unter anderem betonte Byrnes, dass die USA Deutschland als ein ökonomisches Ganzes sehen wollten und dafür einträten, Deutschland den Deutschen, sobald sie dazu in der Lage seien, zurückzugeben. Gleichzeitig war Byrnes' Ansprache eine Warnung in Sachen Reparationen und territorialer Bereicherungen der Siegermächte. Er versprach, dass Amerika keine Reparationen beanspruchen würde, und warnte Frankreich im Hinblick auf die Saar und die UdSSR hinsichtlich der Ostgebiete davor, sich durch maßlose territoriale Ansprüche zu bereichern.

Ich glaube, es war das erste Mal, dass die Deutschen erfuhren, dass ihr Land eines Tages frei sein würde; das erste Mal, dass sie etwas von Friedensvertrag und Ende des Kriegszustandes zu hören bekamen; das erste Mal, dass ein hoher Beamter einer der siegreichen Alliierten Einspruch gegen eine langdauernde Besetzung erhob. Es war ein Hoffnungszeichen für Deutschland. War diese Ansprache von Byrnes vielleicht schon eine Vorankündigung des am 5. Juni 1947 von seinem Amtsnachfolger, General Marshall, verkündeten Plans zur ökonomischen Wiederbelebung des kriegszerstörten Europas? Maßgeblich für diese grundlegende Neuorientierung in der Haltung Amerikas gegenüber dem besiegten Feind war der damalige Präsident Harry S. Truman, ein Veteran des Ersten Weltkriegs, der sich an Versailles erinnern konnte. Es war derselbe Präsident, der zu Beginn der Berliner Blockade dem Plan von General Clay, die

Sektorengrenze mit einem bewaffneten Militärkonvoi zu durchbrechen, die Zustimmung verweigerte. Dieser einfache, ganz gewöhnliche Amerikaner aus Independence im Staat Missouri wurde, wie mir scheint, nicht nur von den Republikanern, sondern auch von den großen Herren des Zweiten Weltkrieges ziemlich unterschätzt. Ohne seine Zustimmung und Unterstützung hätte aber weder der eine noch der andere Außenminister so bahnbrechend neue und großzügige Gedanken und Pläne verkünden können.

Bis November 1946 erschienen im OMGUS Observer 25 Coverphotos von mir und über 30 ganzseitige Reportagen, die mich in Pressekreisen bekannt machten und mir einige verlockende Angebote eintrugen. Meine Kollegen beim Observer, besonders die leitende Redakteurin Emily Mikszto, die mir fast immer freie Hand für meine Ideen und ihre Ausführung ließ, waren gute Freunde geworden. Aber eine Offerte der New York Times – und noch dazu diese: Fotoreporter für ganz Westeuropa – da konnte ich doch nicht nein sagen! Und so kam es, dass mir der OMGUS Observer am 22. November 1946 einen „Nachruf" mit dem dramatischen Titel: „Never more Photo by Ries" widmete, was natürlich auf den Observer zutraf, aber ganz und gar nicht auf meine weiteren Pläne.

In den folgenden Kapiteln wird der Leser in Bildern und Berichten erfahren, wo überall und zu welchen Anlässen ich in den nächsten Jahren Europa für die New York Times durchstreift und mit meiner Kamera verewigt habe. Leider ist „verewigt" etwas übertrieben, denn erst vor kurzem habe ich erfahren, dass diese große und berühmte Zeitung alle meine Negative – es waren Tausende – weggeworfen hat. Nur die damals von mir selbst vergrößerten Fotos sind mir geblieben.

Berlin Then . . .

The Kaiser-Wilhelm-Gedaechtnis Church

The Wehrmacht — 12 years of goose-stepping to "protect" the fatherland.

The capital of the Reich was a great industrial city as well as an oppressively military one. The two biggest electrical works of Germany, the AEG and Siemens, were in northern Berlin. The University attracted many scholars. Fashionable shops, restaurants and clubs had a constant huge turn-over.

Under the Fuehrer's direction whole blocks of homes were knocked down to erect Party buildings, SS billets, military academies. And "Heil

The focus was on one man, one idea. Even the kids were imbued with the Fuehrer illusion.

Crowds paid their respects with "Heils" before the Reichs Chancellory.

The Brandenburger Tor — commemorated past victories.

The Reichstag, the German House of Parliament where the fire burned in 1933.

Photos from German publications

linke und rechte Seite:
Eine meiner Bildreportagen im OMGUS Observer
Mai 1946

MAY 10. 1946

Ex-Wehrmacht men today face the task of rebuilding their city, their government and their philosophy.

The fashionable Gedaechtnis Church took a beating too.

... and Now

Hitler!" was heard everywhere on everyone's lips. Even husbands and wives had to greet each other with the password.

Today, one year after the armistice, Berlin is an object lesson to future fuehrers. Among the ruins, Berliners live, eat rations, and putter about to make themselves comfortable. Their greatest worry is getting food. Also they anxiously wonder when industry can be started again. They talk about what they should do with all the rubble. As for thinking about a new government — most of them shrug their shoulders.

Chancellory sight-seers provide butts for former heilers.

The kids have found a new hero — GI Joe who has plenty chewing gum and a big heart.

The Reichstag is kaput. More than fire finished it in 1945.

The Brandenburger Tor reflects the downfall of an aggressive nation.

Photos on this page by Ries

95

Die New York Times fabriziert keine Geschichten, sie berichtet Geschehnisse

Mein professioneller Lebenslauf als rasender Fotoreporter für ganz Westeuropa – von Abony bis Zürich, von Zaragoza bis Aquila – begann am 27. Januar 1947 im Herzen von Manhattan, wo mir der Boss der Fotoabteilung der New York Times, Mister Bruce Rae, meinen ersten Wochenlohn in Höhe von 100 Dollar überreichte. Zwölf Tage später landete ich auf der „SS Noordam" in Rotterdam, von wo aus ich in meinem Chrysler, Jahrgang 1940, am 9. Februar Frankfurt am Main erreichte.

Weshalb die N.Y. Times ihr europäisches Hauptquartier im Hotel Excelsior in Frankfurt aufgeschlagen hatte, wo ich im Übrigen auch wohnen sollte, ist mir bis heute nicht klar. Frankfurt hatte kaum mehr zu bieten als einen kümmerlichen Schwarzmarkt und hässliche Nutten am Bahnhofsplatz, genau um die Ecke vom Excelsior, wo die Amis gute Geschäfte machten. In Berlin dagegen – von der Avus im Westen bis zur Zimmerstraße im Osten – , abgesehen von professionellen eleganten Damen und einem riesigen Schwarzmarkt gegenüber vom stark beschädigten Dom, regierten die vier Alliierten in ihren Sektoren. Es war nicht in Frankfurt, nicht in Paris, nicht in London, nicht in New York und nicht in Moskau, sondern es war in Berlin, wo der Kalte Krieg begann, blieb und endete.

Nach drei Tagen, vollgestopft mit Informationen, Instruktionen, Erläuterungen und Ratschlägen, die ein frisch gebackener Journalist braucht, gelang es mir, die Frankfurter Zentrale wieder zu verlassen, und am 12. Februar erreichte ich nach einer 10-stündigen Autofahrt im tiefen Schnee die

Von Berlin aus für die NYTimes in Europa unterwegs

Grenze zwischen der britischen und sowjetischen Zone bei Helmstedt. Nach drei weiteren Stunden Fahrt durch die sowjetische Zone kam ich endlich im amerikanischen Sektor in Berlin an. Heute würde man für die gleiche Strecke höchstens sechs statt dreizehn Stunden benötigen.

Trotz weiterer Versuche mich nach Frankfurt zu holen, behielt ich Berlin als meinen Stützpunkt bei, von wo aus ich mit meinen Augen und Ohren und meiner Kamera alle Himmelsrichtungen anpeilte. Als Erstes

wurde ich von erfahrenen Journalisten im amerikanischen Presseclub aufgenommen, wo ich meistens der Einzige war, der spät abends nicht nach Hause geschleppt werden musste. Von all den Ratschlägen und Informationen, die mir in dieser ersten Zeit zuteil wurden, war der Rat von Rae Daniell, dem Chef des N.Y. Times-Büros in London, der beste: „Die New York Times fabriziert keine Geschichten, sie berichtet Geschehnisse."

Damals waren wir noch Alliierte

Ich muss gestehen, dass ich mich einmal nicht an Rae Daniells ernsten Rat gehalten habe, als ich folgende Geschichte buchstäblich selbst fabrizierte:

Anlässlich meines Besuchs der zweiten Leipziger Nachkriegsmesse am 5. März 1947 machte ich einer kleinen Gruppe von amerikanischen Journalisten den Vorschlag, im berühmten, vom Krieg verschonten „Auerbachs Keller" zu schmausen. Während wir unsere Mäntel bei der Garderobenfrau abgaben, sah ich eine Schiefertafel, auf der mit Kreide geschrieben stand: „Script akzeptieren wir nicht." (Dazu eine Erklärung für den heutigen Leser: Um das Weiterblühen von Schwarzmärkten zu unterbinden, erhielten Amerikaner Gutscheine, sogenannte „Script", in demselben Wert wie Dollarnoten.) Niemand sah im Gedränge, dass ich das Wort „nicht" auf der Schiefertafel heimlich mit meinem Ärmel wegwischte. Als ein deutscher Kellner nach unserem feudalen Gelage die Rechnung in Dollar servierte, flüsterte ich meinen Kollegen zu, mir einen Spaß zu erlauben, und sagte dann zu dem Kellner: „Nix Dollar! Nur Script!" Der verblüffte Kellner verschwand, kam aber kurz darauf mit einem sowjetischen Offizier zu unserem Tisch zurück. „Nix Script. Nur Dollar!", donnerte der Riese. Um meinen Standpunkt zu beweisen, dass Script in diesem Lokal ausdrücklich zugelassen seien, marschierten wir zur Garderobe, wo jedoch jemand „nicht" offensichtlich erneut hingeschrieben hatte. Mir blieb nichts anderes übrig, als klein beizugeben und mich zu entschuldigen. Doch wer kam mir in diesem Moment zu Hilfe? Die Garderobenfrau!

„Entschuldigen Sie bitte", sagte sie, „aber der Amerikaner hat Recht. Irgendjemand hatte das Wort ‚nicht' ausgewischt. Ich habe aber später gesehen, wie Sie ..." Mit einem unmissverständlichen Blick, besser den Mund zu halten, unterbrach der russische Offizier die arme Frau, drehte sich um und gab mir mit einer Geste zu verstehen, ihm zu folgen.

In seinem Büro öffnete er den großen Tresor, nahm eine schwere Kassette heraus und verlangte die Rechnung. „Hat gut geschmeckt, ja? Mit Bedienung 250 Script. Du gewonnen hast." Da ich nur große Script-Scheine hatte, gab ich ihm drei Hunderter. Er griff in die Kassettte und war dabei, mir einen Fünfziger in Script zu überreichen. Ich jedoch schaute ihn herausfordernd an: „Nix Script. Nur Dollar!" Der Riese stutzte eine Sekunde, dann lachte er laut und fröhlich. „Amerikanski, good business!", sagte er anerkennend und schüttelte meine Hand. Mir blieb die Spucke weg. Aber damals waren wir eben noch Alliierte.

Nothing matters

Als ich nach vier Tagen, abgesehen von dem lustigen Erlebnis in „Auerbachs Keller", mehr als genug von der langweiligen Messe hatte, wollte ich mich lieber in der von Besuchern wimmelnden Stadt umsehen. Mein Rundgang begann am aufgeräumten Hauptbahnhof, von wo Nutten und Schwarzmarkthändler während der Messe verbannt waren. Und als ob ich mich mit ihr verabredet hätte, kam mir dort die amerikanische Journalistin Toni Howard entgegen begleitet von einer bildschönen jungen Dame. „Hello Hank!" (wie ich in Journalistenkreisen genannt wurde), rief sie freudig überrascht und stellte mir sogleich ihre Begleiterin vor: „Meet Ann Stringer of United Press, our most desirable, single lady in the Berlin Press Club." Nach einem höflichen „pleased to meet you" in Richtung der mir unbekannten jungen Dame schlug ich vor, statt durch die stickigen Messehallen mit mir durch die viel interessantere Stadt zu gehen. Toni wollte sich jedoch zuerst im Hotel von den Strapazen des holprigen Nachtzuges von Berlin nach Leipzig erholen, und so blieb es mir „armem Kerl" alleine überlassen, die unbekannte Schönheit durch die mir schon bekannte Stadt zu führen.

In der Tat war mir Leipzig durch einen Messebesuch im Jahr zuvor, am 10. und 11. Mai 1946 – damals als Fotoreporter für den OMGUS Observer – , schon etwas vertraut. In der berühmten und wie durch ein Wunder unzerstörten Thomaskirche hatte ich eine wunderbare Aufführung von Verdis Requiem erlebt. – Bei diesem zweiten Aufenthalt in Leipzig besuchte ich in Begleitung von Ann den Musikverlag „Breitkopf und Härtel", der die Zerstörungen des Krieges in den unterirdischen Etagen des Gebäudes fast unbeschadet überstanden hatte. Es war Härtel Junior,

Die Thomaskirche in Leipzig März 1947

der mir zum Abschied das 1942 in seinem Verlag erschienene Buch „Albert Schweitzer – Johann Sebastian Bach" mit einer Widmung: „Im Gedenken an eine interessante Aussprache, Leipzig 8. III. '47" überreichte. Das wunderbare, 843 Seiten starke Geschenk steht heute noch in meiner Bibliothek.

Anschließend ging ich mit Ann zur Thomaskirche, an der Johann Sebastian Bach als Kantor gewirkt hatte. Die Klänge der herrlichen Orgel empfingen uns, als wir die Kirche betraten. Der Thomaskantor

Professor Günther Ramin bereitete sich auf die Sonntagskantate vor. Alles erschien so freundlich und friedlich im Inneren dieser Kirche, als wäre es schon eine Ewigkeit her, seit der Zweite Weltkrieg gewütet hatte. Nicht weit entfernt fotografierte ich das Grabmal von Johann Sebastian Bach. Dieses Suchen und Finden von Glanzlichtern eines reichen kulturellen Erbes in einem zerstörten, in vier Besatzungszonen geteilten Land bereicherte unsere ersten unvergesslichen Stunden, die wir – ein Fotograf aus Berlin und

Thomaskirche, Hauptschiff mit Orgelempore

New York und eine Journalistin aus Kilgore in Texas – gemeinsam verbrachten.

Am Abend trafen wir wieder mit unseren amerikanischen Journalistenkollegen in Auerbachs Keller zusammen. Ann sprach sehr wenig, aber trank sehr viel. Und als Ann plötzlich von ihrem Stuhl fiel, schien außer Toni und mir niemand an unserem Tisch erstaunt zu sein. Mit Tonis Einverständnis begleitete ich die wankende, beschwipste Ann zu ihrem Hotelzimmer. Auf dem kurzen Weg dorthin stammelte sie ununterbrochen dieselben Worte: „Nothing matters ... nothing matters ... noth..." Es war offensichtlich, Ann hörte und sah nothing. Das Ganze war kein drittklassiges Movie. Leider war es eine erstklassige Tragödie! Für mich war es außerdem eine Art zweite Einweihung in den Journalismus: Alkohol ist für viele der

Treibstoff zur Produktion, aber für einige ist es der Treibstoff zur Destruktion.

Am nächsten Morgen fuhr Ann mit mir nach Berlin zurück. Im Presseclub wurde mir beigebracht, dass Ann zu der zweiten Gruppe gehörte. 1918 als Elisabeth Ann Harrell in Eastland, Texas geboren, hatte sie Journalismus an der Southern Methodist University studiert. Ihre Eltern waren fromme Methodisten. Trinken und Rauchen waren strengstens verboten. Der gutmütige Vater stand vollständig unter der Fuchtel seiner strengen Gattin. Als Zwanzigjährige heiratete Ann ihren Jugendfreund, Bill Stringer, und verließ das gestrenge Elternhaus. 1941 arbeiteten beide für „United Press" in Columbus, Ohio und begannen bald aus Südamerika und Europa zu berichten. Als Amerika in den Zweiten Weltkrieg eintrat, wurde Bill nach

London und Ann nach New York versetzt. 1944 fiel Bill in Frankreich. Er war das erste Todesopfer unter den amerikanischen Journalisten, die von der Front berichteten. Ann erhielt die Nachricht an ihrem Schreibtisch im New Yorker UP-Büro. Sie bestand darauf, Bills Nachfolgerin zu werden, und erreichte innerhalb einer Woche das befreite Paris. Ein Journalist im Berliner Presseclub, der Ann in dieser Zeit erlebt hatte, erzählte, dass er und seine Kollegen nicht gerne mit ihr im Army Jeep unterwegs waren. „Sie wollte immer so nahe wie möglich an die Front. Ich bin sicher, sie wollte auch erschossen werden."

Und es gab noch einen Aspekt in dieser tragischen Geschichte: Ein amerikanischer Journalist in Berlin hatte sich Hals über Kopf scheiden lassen, um Ann zu heiraten. Zwei Monate später wurde die Heirat annuliert, er war zu seiner ersten Frau zurückgekehrt. Doch obwohl ich dies alles wusste und obwohl wir beide schon unter ihrem übermäßigen Trinken und den damit verbundenen Problemen litten, heirateten wir am 23. Februar 1949 in Kilgore, Texas.

Dreißig Jahre später, als ich bei einem Besuch in Berlin die fast 30 Jahre jüngere Waltraud Geier kennen und lieben lernte, zerbrach meine erste Ehe. Eine Scheidung in Amerika ist nicht nur finanziell sehr kostspielig, sondern auch psychisch ruinös, wenn man in die Klauen gieriger Anwälte – keineswegs „Rechts"-Anwälte – gerät. 1989 erfuhr ich, dass diese tragische Frau, die ihre letzten Lebensjahre ohne einen Tropfen Alkohol verbrachte, gestorben war.

To Truman and Stalini, ex!

Wir starteten in West-Berlin am 3. Juni 1947. Erstmals war es sechs amerikanischen Journalisten und einem amerikanischen Pressefotografen – ich betätigte mich auf dieser Reise aber auch als Dolmetscher – gelungen, die verbotene sowjetische Besatzungszone zu betreten und sogar zu fotografieren. Während unserer zehntägigen Rundreise besuchten wir Dessau, Halle, Weimar, Jena, Erfurt, Leipzig, Dresden und Görlitz. Fast jeder Tag begann und endete mit Wodka und dem immer gleichen donnernden Toast der Russen: „To Truman and Stalini, ex!"

Besonders beeindruckend waren die Morgen- und Abendgelage bei Kommandant General Michael Schlachtinko – so hieß er tatsächlich! – und Generalmajor Kolesnichenko. Als ich am ersten Abend den Generalmajor um Erlaubnis bat, ihn fotografieren zu dürfen, reagierte er schroff ablehnend: „Nix Foto!" Ich erwiderte höflich, dass ich schließlich zum Fotografieren hier sei, doch er blieb stur: „Nix Foto!" Nun etwas verärgert, fragte ich nach den Gründen, woraufhin er mir seine misstrauischen Befürchtungen offenbarte: „Nix vertrau amerikanski Zeitung." Ich erklärte, dass die New York Times eine sehr vertrauenswürdige und anerkannte Zeitung sei, aber das konnte ihn nur teilweise überzeugen: „Ich Ihnen glaube, aber nix wissen, was Times unter Foto schreibt!" Trotzdem durfte ich ihn schließlich am Ende des Essens fotografieren. Er wurde nun zusehends zugänglicher, lachte und befal eine dritte Runde Wodka, wobei er alle Journalisten und seine russischen Begleiter bat, aufzustehen und mit ihm ihr Glas zu erheben. „To Truman and Stalini, ex!", ertön-

te seine laute Stimme, und dann nach einer kurzen Pause: „Auch zu New York Times, ex!" – Sogar alle Russen lachten.

Unser Besuchsprogramm beinhaltete viele nicht besonders interessante Besuche bei ostdeutschen Bürgermeistern und russischen „Oberbürgermeistern", dazu bei FDJ-Gruppen („Freie Deutsche Jugend") und Führern, die mich ein wenig an die „Schritt und Tritt"-Begeisterung der Nazizeit erinnerten. Unsere sowjetischen Begleiter zeigten uns aber auch die bittere Realität: die Überreste von Hitlers Krieg. So besichtigten wir am fünften Tag unserer Reise das Gelände des Siebel-Flugzeugwerks in Halle. Das Gebäude war völlig zerstört, die Reste der Flugmaschinen wurden als Reparationen nach Russland transportiert. Auf dem unbenutzten Gelände durften die Bürger sich jetzt kleine Gemüsegärten anlegen, um etwas für den Eigenbedarf anzubauen, ähnlich wie in der Berliner „Puppen-Allee". In Jena wurde uns die noch existierende Zeiss-Fabrik gezeigt, wo die berühmte „Contax" Kamera zwar weiterhin hergestellt wurde, aber inzwischen in „Kiev" umbenannt worden war.

Überreste der Siebel-Flugzeugwerke

Arbeitplatz bei Zeiss in Jena 1947

In fast allen Städten wurden wir außerdem zu kulturellen Vorführungen eingeladen. Am zweiten Abend in Halle stand Tschaikowskys „Pique Dame" auf dem Programm. Die deutschen Opernbesucher mussten eine Viertelstunde auf die Ouvertüre warten, bis wir, begleitet von russischen Offizieren, einmarschiert waren und unsere Sitzplätze eingenommen hatten. Der Vorgang erinnerte mich an einen Konzertabend 14 Jahre zuvor in der Berliner Philharmonie, als die ersten beiden Reihen im Parkett zehn Minuten unbesetzt blieben, bis Hitler, Goebbels, Göring, Himmler etc. etc. einmarschierten. Schwacher Applaus, da zu der Zeit Juden noch Konzerte besuchen durften. Erst danach erschien Wilhelm Furtwängler. Als er sich auf dem Dirigentenpodium vor dem Publikum verbeugte, ohne den rechten Arm zu heben, verwandelte sich der freundliche Begrüßungsapplaus in einen wahren Applaussturm. Ein Jahr Hausarrest war die Strafe für den Generalmusikdirektor.

Auch für meinen Bruder und mich – wir saßen auf den billigeren Plätzen an der Seite – war dies damals ein fabelhaftes Erlebnis. Natürlich standen wir auch auf und applaudierten zu Furtwänglers Wagnis, bis uns die Hände wehtaten. Das Programm damals: Beethovens Egmont-Ouvertüre, Pastorale und Fünfte Symphonie. Per Zufall – es gab so viele schöne in meinem Leben – sah und hörte ich am 25. Mai 1947, zehn Tage vor unserer Reise ins Wodkaland, den entnazifizierten ehemaligen Generalmusikdirektor. Dieses Mal nicht in der Philharmonie, die inzwischen vom Krieg völlig zerstört war, sondern im Titania Palast, dem einzigen

noch brauchbaren Gebäude für Konzertveranstaltungen in West-Berlin. Das Programm: Beethovens Egmont-Ouvertüre, Pastorale und Fünfte Symphonie!

Doch zurück zu unserer „Pique Dame". Im zweiten Akt bestand das Bühnenbild lediglich aus einer mageren Birke aus Plastik, hinter der eine sehr dicke Sopranistin zwitscherte: „Hier werde ich mich verstecken!" Niemand wagte zu lachen. Als Gast musste ich mich natürlich erst recht anständig benehmen. – Am fünften Abend in Weimar wurden wir zu einer weiteren Tschaikowsky-Oper eingeladen. Der Vorhang zu „Eugen Onegin" – mein Bruder und ich hatten diese Oper „Euren ohne ihn" genannt – hob sich pünktlich. In meinem Tagebüchlein kommentierte ich meinen Eindruck: „A pretty good performance."

Was mich in den zehn Tagen in der sowjetischen Zone jedoch besonders erschütterte, war die noch immer allgegenwärtige Katastrophe des Krieges in Dresden. Große Teile der Stadt lagen noch vollkommen unter Schutt und Asche begraben, so wie sie britische und amerikanische Bomber am 13. und 14. Februar 1945 in einer verheerenden

Aktion der Zerstörung, die auch vielen Einwohnern und Flüchtlingen das Leben gekostet hat, hinterlassen hatten. Diese einst elegante Elbmetropole und blühende Kulturstadt war praktisch ausgelöscht. Wir verbrachten drei Tage in diesem Meer von Ruinen.

Ein Martyrium, ja die Hölle war Dresden für Victor Klemperer allerdings schon gewesen, bevor es zerstört wurde. Die Vernichtung der Stadt brachte ihm und seinen überlebenden Leidensgenossen die Befreiung! Der von den Nationalsozialisten als Jude aus dem Amt gejagte Professor der Romanistik hat die Nazi-Verfolgung in Dresden, von seiner arischen Frau beschützt, überlebt und darüber für die Nachwelt Buch geführt. Seine Tagebücher, in zwei Bänden unter dem Titel *„Ich will Zeugnis ablegen bis zum letzten"* im Aufbau Verlag posthum erschienen, sind eine erschütternde Schilderung des alltäglichen Nazi-Terrors im „Dritten Reich". So endet der erste Band mit folgender Eintragung am Silvesterabend 1941:

„Ich hielt eine ernsthafte kleine Rede, so ernsthaft, dass mir beim Anstoßen die Hand flog. Hitler, ‚Barnum der Hölle', gehe als rich-

tiger Zirkusdirektor immer auf das ‚noch nie
Dagewesene' aus, so habe er statt der üblichen
sieben mageren Jahre acht magere gebracht, dies
achte schon nicht mehr mager zu nennen, sondern ein Totengerippe, da die Leichenberge im
Osten zum Himmel stinken. – Dass es unser
grausigstes Jahr war, grausig durch eigenes
reales Erleben, grausiger durch ständige
Bedrohtheit, am grausigsten durch das, was wir
andere leiden sahen (Evakuierungen, Morde),
dass es aber am Schluss die Zuversicht brachte –
ich zitierte breit: nil inultum remanebit. Ich
gab als adhortatio: Die letzten schweren fünf
Minuten die Nase hoch!"

Nach dreieinhalb weiteren grausigen
Jahren, die Klemperer in seinen Tagebüchern
zu Recht kritisch, manchmal verärgert, mit-
unter verzweifelt, jedoch niemals hoffnungs-
los und immer mit freundlichem Humor
beschrieben hat, konnte er, der Verfemte und
tot Geglaubte inmitten all der Zerstörung ins
Leben zurückkehren:

„Schließlich fanden wir, innen ein bisschen
beschädigt, aber im ganzen geradezu wunder-
bar zwischen lauter Ruinen erhalten, das
Glasersche Haus. Dies war die Wendung zum
Märchen. Frau Glaser empfing uns mit Tränen
und Küssen, sie hatte uns für tot gehalten. ...
Wir wurden gespeist, wir konnten uns ausruhen. Am späten Nachmittag stiegen wir nach
Dölzschen hinauf." (Ende des zweiten Bandes
der Tagebücher)

Es war das erste und einzige Mal in meinem Leben, dass ich, nachdem die Tagebücher Mitte der 90er-Jahre erschienen
waren, über 1500 Seiten an einem Stück
gelesen und den Autor für eine solche
Leistung restlos bewundert habe.

Landbestellung in Handarbeit

Ich kehre zurück zu meinen Eindrücken von der ostdeutschen Reise. Am 9. Juni 1947, auf dem Weg nach Meissen, sah ich eine Gruppe meist älterer verhärmter Menschen, die sich scheinbar am Straßenrand ausruhen wollten. Ich hielt an und erfuhr, dass sie aus Ostpreußen kamen und von den Russen vertrieben worden waren. Ihr ganzes Hab und Gut war das, was sie mit sich tragen konnten. Die im Konvoi folgenden sowjetischen Offiziere verboten mir, zu fotografieren. Ich hatte bei ähnlichen Verboten bereits früher gelernt, mich taubstumm zu stellen. Ich wollte mir von niemandem vorschreiben lassen, wen oder was ich mit mei-

ner Kamera dokumentieren dürfte. Obwohl meine Aufnahmen für sich selbst sprechen, lassen sie eine zusätzliche Frage aufkommen: Waren diese ostpreußischen Vertriebenen noch im Nachhinein Opfer der Nazis oder schon Opfer der Kommunisten oder Opfer von beiden?

Nach zehn Tagen und Nächten in Ost-Deutschland kehrten wir nach West-Berlin zurück. Tage- und nächtelang entwickelte und vergrößerte ich Dutzende von 35 mm Rollen. Das Resultat meiner Beobachtungen schickte ich an das Büro der New York Times in Frankfurt.

Anhalter Bahnhof

Erinnerungen an die Bahnhöfe in Berlin zur Zeit meiner Kindheit und Jugend vor 1938 sind verbunden mit Gedanken an Ferien, Freunde und Familienbesuche. Auch fallen mir verlockende Gerüche und aufregende Geräusche wieder ein. Es roch nach heißen Würstchen und süßer Limonade, nach Havanna-Zigarren und nach der besonders aromatischen Mischung von Leder und poliertem Holz im Wagenabteil. In den Riesenhallen wogten Dampfwolken der hart keuchenden Lokomotiven, schallten Auskünfte aus Lautsprechern, mischten sich Abschieds- und Ankunftsrufe mit lauten Angeboten von Mitropa-Waren und Zeitungen, und schließlich kam das besonders aufregende „Bitte einsteigen – Abfaaahrt!"

Der Krieg hatte von dem einst majestätischen Anhalter Bahnhof nur ein Gerippe zurückgelassen, eine Ruine inmitten von Ruinen, genau an den Grenzen des amerikanischen, englischen und russischen Sektors von Berlin. Muffiger Moder und kalte Asche, Fäulnis und Verwesung krochen in meine Nase. Ich hörte lautlose Schreie, die aus der unheimlichen dachlosen Riesenhalle in den Himmel seufzten. Ich sah das vierrädrige Skelett eines Mitropa-Karrens, der den abgemagerten Menschen vielversprechend verdünnte Limonade offerierte. Und eine asthmatische Lokomotive stöhnte auf den rostigen Gleisen, auf denen ein halbes

Otto, der Gepäckträger

Dutzend fast leerer Wagen von und nach der sowjetischen Zone schlichen. Entlassene Kriegsgefangene aus Russland, vertriebene Familien aus Schlesien, Schwarzmarkthändler aus der sowjetischen Zone kamen hier an, hungrig, armselig, verwirrt. Keiner war unfreundlich, aber nur wenige wollten mit mir sprechen, die meisten hatten dazu keine Energie.

Otto, der Gepäckträger ist so alt wie der Anhalter Bahnhof. „Ich und der Bahnhof, wir sind alte Freunde. Ich könnte ihn mein Zuhause nennen." Gutes und Schlimmes hat er in seinem Bahnhof erlebt. Das Schlimmste ereignete sich kurz vor Kriegsende, als die Russen schon auf dem Reichstag waren. „Da haben die SS-Schweine den unterirdischen S-Bahnhof gesprengt, hier direkt unterm Anhalter, wo Tausende von Invaliden, Frauen und Kindern Schutz vor den Russen suchten, hier haben die gesprengt! Und die Bande hat die Schleusen aufgemacht. Wer nicht im Gedränge zu Tode gequetscht wurde, ertrank im Wasser der Spree, das durch die Schächte toste. Ein paar, die durchkamen, haben sie abgeknallt."

Otto zieht an seiner Zigarette. „Ja, ich entsinne mich noch gut daran, wie das alles anfing, wie die hohen Herren, der Hitler, Göring, Goebbels und Heydrich, wie die ganze Meute fast hier um die Ecke einzog. Damals herrschte Hochbetrieb, ein Kommen

**Vom Krieg
gezeichnete Menschen**

und Gehen von SA- und SS-Männern und Truppen; das ging Tag und Nacht."

Auch Eberhard kommt jeden Tag hierher. Er hat nie einen Beruf gelernt. 1918 geboren, in die Nazizeit hineingewachsen, Hitlerjugend, Wehrmacht, russische Gefangenschaft, heute Chauffeur für einen „Ami". Eberhard hat das alles nicht gewollt. Er hasst Drill und Befehle, Marschieren und Schiessen. Er wollte ein freier Mann sein, er hatte immer vom Reisen geträumt. Einen Teil der Welt hat er gesehen: Polen vom Panzer aus, im Dreck die russische Erde, den Balkan im Güterwagen und Sibirien im Schnee. So wollte er die Welt nicht sehen. Eberhard ist ein Gefangener seiner Zeit.

Ich hörte von Angst und Armut, von der Tragödie des Krieges, von Verantwortung oder gar Schuld hörte ich nichts, kein Wort. Es war wohl noch zu früh, der Schmerz und Verlust noch zu stark. Es war die Zeit der Entbehrungen, des Hungers, der Obdachlosen, der Witwen und Krüppel. Wie hätte ich damals Gespräche über Verantwortung erwarten können? Das tägliche, stündliche Überleben forderte die Verdrängung des eben erst Vergangenen. Oft blieb auch ich stumm, aber meine Kamera hielt Erinnerungen fest, die ich nie vergessen werde.

Eberhard

Alle Fotos:
Die jüdischen Flüchtlinge werden von britischer Militärpolizei zur Weiterfahrt in das Durchgangslager Pöppendorf verladen. September 1947

Exodus 1947

Es war einmal ein luxuriöser amerikanischer Musikdampfer, genannt President Warfield, der im Hafen von Baltimore stillgelegt schlummerte, bis er 1941 im Rahmen von Präsident Roosevelts „Land-Lease"-Programm als englisches Kriegsschiff im Gefecht gegen Nazi-Deutschland zu neuem Leben erwachte. Sechs Jahre später, inzwischen als Kriegsschiff ausgemustert, steuerte die alte Warfield – von den Engländern in Ocean Vigour umbenannt – mit 4.554 jüdischen Flüchtlingen an Bord illegal das damalige britische Protektorat Palästina an. Am 18. Juli 1947 wurde sie kurz vor der Hafenstadt Haifa von fünf britischen Zerstörern umringt und an der Landung gehindert. Unsere englischen Alliierten wollten für ihr Mandatsgebiet ein Exempel statuieren und zweifellos gelang es ihnen, zumindest eines zu beweisen: „Britannia Rules the Waves" galt noch immer. Das Schiff wurde gezwungen, mit allen Flüchtlingen nach Europa zurückzukehren, und fuhr schließlich auf Veranlassung der Briten bis nach Hamburg weiter. So landeten die Flüchtlinge in einem Land, das sie auf keinen Fall hatten sehen oder gar betreten wollen.

Offensichtlich hatten die Engländer etwas von den Nazis gelernt. Schon 1940 hatte die britische Regierung 30 000 jüdische Flüchtlinge aus Deutschland und Österreich als „feindliche Ausländer" in England und Kanada interniert. Auch der amerikanische Kongress bekleckerte sich 1943 nicht mit Ruhm, als er die Aufnahme von 20 000 jüdi-

schen Kindern wegen Überschreitung der Einwanderungsquote verweigerte. Hatten die Amerikaner vergessen, was auf dem Sockel der Statue of Liberty eingraviert steht: „Gebt mir die Müden, Armen und Bedrängten, die sich nach Freiheit sehnen, gebt sie mir."?

Am 4. September 1947 kam ich nach Hamburg, wo die Ocean Vigour jederzeit in den Hafen einlaufen sollte. Da ich für die New York Times darüber berichten wollte, nahm ich mit dem britischen „Public Relation Officer" Kontakt auf. Seine Anweisungen erinnerten mich an Nazi-Befehle: Nach Ankunft des Schiffs Zutritt *verboten*; Kontakt mit den jüdischen Flüchtlingen *verboten*; Fotos vom und im Pöppendorf-Camp (ein Lager für „Displaced Persons" bei Lübeck, wo die Flüchtlinge hinverfrachtet wurden) *verboten*; Fotos von vergitterten Eisenbahnfenstern *verboten*; Fotos von Bahnsteigen *verboten*; Fotos im Lager Hohne-Belsen in der Nähe des ehemaligen KZ, wo ebenfalls jüdische Flüchtlinge interniert waren, *verboten*; Fotos vom Abtransport der Flüchtlinge in offenen Lastwagen *verboten*.

Was die Engländer nicht verhindern und verbieten konnten, waren Zeitungsberichte. Die *Lübecker Nachrichten* schrieben über die Vorgänge in Hamburg: „Was sich im Innern des Schiffs abspielt, kann ich nicht sehen ... Man hört nur ‚No-No' und jüdische Lieder. Englische Soldaten mit Stahlhelmen laufen an Deck und in das Innere des Schiffes; sie haben auch Gasmasken bei sich ... Die Flüchtlinge werden mit Gewehren an Deck getrieben ... Schreie ertönen, man sieht an den Köpfen Spuren von Hieben ... Die Stimmung ist verzweifelt und auch bei uns bedrückt." – Und in der Jerusalemer Zeitung *Jedioth Chadashot* war am 7. September 1947 zu lesen: „Heute soll in Hamburg mit der Landung dieser unglücklichen Menschen begonnen werden, die Europa verlassen hatten, um es nie wieder zu sehen ... Sie haben das sichere Gefühl, ihre letzte Station kann nur Erez Israel sein ... Auch wenn sie heute gezwungen werden, den blutgetränkten Boden Deutschlands wieder zu betreten, so bleiben sie doch fest davon überzeugt, dass letzten Endes das Ziel ihrer qualvollen Reise Erez Israel bleibt."

Die amerikanische Zeitung *New Statesman* kritisierte mit deutlichen Worten den damaligen englischen Außenminister Ernest Bevin: „Er ist davon überzeugt, eine jüdische Weltverschwörung bekämpfen zu müssen und bringt sie damit erst hervor. Er lässt sich von Gefühlen hinreißen, die in England zu Antisemitismus führen und den Terroristen in Palästina Vorwände für ihre Aktionen liefern."

Unter den 4 554 Flüchtlingen, von den Briten als Menschenfracht behandelt und zwangsweise in das Land ihrer Verfolger getrieben, befanden sich 1 282 Frauen und 1 672 Kinder. Ihre Irrfahrt mit dem Schiff von Südfrankreich nach Palästina und zurück nach Europa hatte 56 Tage gedauert. Die Engländer gaben dieser Aktion den idyllisch-zynischen Namen „Operation Oase". Die Flüchtlinge nannten ihre Odyssee „das Totenschiff". Ich nenne sie „die große Schande Großbritanniens".

Trotz aller Verbote gelangen mir einige Aufnahmen von dem Flüchtlingsdrama. In der *New York Times* erschien darüber am 8. September 1947 eine ausführliche Reportage.

Von Berlin nach Shanghai und zurück

1937 flüchteten einige Hundert deutsche Juden vor der Naziverfolgung in das fremde, freundliche Shanghai, um dort ein neues Leben zu beginnen. Die Verbindung zum Land ihrer Geburt war aber so stark, dass 295 der jüdischen Deutschen zehn Jahre nach ihrer Flucht in ihre Heimat zurückkehrten. Sie verließen im Sommer 1947 Shanghai mit dem Schiff „Marine Lynks", fuhren durch den Suez-Kanal bis Neapel, von wo sie in Viehwagen über den Brenner-Pass Deutschland und schließlich am 21. August 1947 Berlin erreichten. Beim offiziellen Empfang in Ber-lin wurden sie freundlich gewarnt, dass ganz Deutschland unter Hunger und Zerstörung leide, ganz abgesehen von der Unmöglichkeit, eine Unterkunft zu finden. Da die meisten der Zurückgekehrten weder überlebende Verwandte noch einen Wohnort hatten, wurden sie im Flüchtlingslager am Teltower Damm in Zehlendorf unterge-bracht, das während des Krieges als Lager für Zwangsarbeiter gedient hatte.

Einen Augenblick nachdem meine Kamera die erschütternde Umarmung eines sich nach langer Trennung wiedersehenden Paares festgehalten hatte, spürte ich eine Hand auf meiner rechten Schulter. „Bist du nicht Heinz Ries?" Für einen kurzen Moment war ich sprachlos. Dann erkannte ich ihn. Es war Walter Czollek! Vor dem Krieg waren unsere Väter enge Freunde gewesen. Unser Fräuchen hatte ihn und seine zwei Schwestern betreut, bevor sie zu uns gekommen war. Meine Kamera konnte nichts weiter sehen. Wir wollten voneinander hören.

Walters Eltern waren verschollen. Seine ältere Schwester, Charlotte, war in Shanghai gestorben. Die jüngere Schwester, Erika, hatte in Berlin Selbstmord begangen. Von Walter erfuhr ich auch, dass Shanghai ohne Visazwang mehr deutsche Juden aufgenom-men hatte als Kanada, Australien, Neusee-land, Britisch-Ostafrika, Südafrika und Indien zusammen.

rechte Seite:
Wiedersehen nach zehn Jahren

Warten – Warten – Warten

Nachdem die New York Times meinen Vorschlag, eine Balkan-Reportage zu machen, befürwortet hatte, verließ ich am 8. Oktober 1947 Berlin. Ich hatte nur ein Visum für die Tschechoslowakei und hoffte, mir die Aufenthaltserlaubnis für die östlichen Länder während der Reise besorgen zu können, obwohl es für westliche Journalisten – besonders für Fotografen – bereits schwierig war, hinter den, wenn auch noch löchrigen, „Eisernen Vorhang" zu gelangen. Während meiner 25-tägigen Odyssee steuerte ich mein Auto erst gen Wien und dann via Brno (Brünn), Zlin, und Bratislava (Pressburg) nach Triest, wo ich bei Hafenaufnahmen unerwartet von zwei Polizisten festgenommen wurde. Entweder glaubten sie, einen Spion erwischt zu haben, oder sie hatten nur ihren Spaß. Jedenfalls retteten mich mein amerikanischer Pass und mein Journalistenausweis. Schwierigkeiten wegen meiner Kamera hatte ich dagegen an der italienisch-jugoslawischen Grenze erwartet. Aber niemand störte mich beim Fotografieren der Grenzanlage, die wie eine Attrappe mit schauspielernden Spionen in einem Kriegsfilm aussah.

Fast täglich telefonierte ich mit Beamten in Belgrad und Budapest, um mich nach dem Stand der Bearbeitung meiner Visa-Anträge zu erkundigen. Die Auskunft war mehr oder weniger immer die gleiche: „Ihr Antrag wird bearbeitet. Bitte warten Sie." Oder: „Bitte warten Sie noch ein oder höchstens zwei Tage." Oder: „Wenn Sie in Wien sind, wird Ihnen unser Konsul das Visum aushändigen." Oder einfach: „Bitte warten Sie." Nach zwei Wochen und nun auch noch zwei ver-

Neuankömmlinge im Rothschild-Hospital
Wien 1947

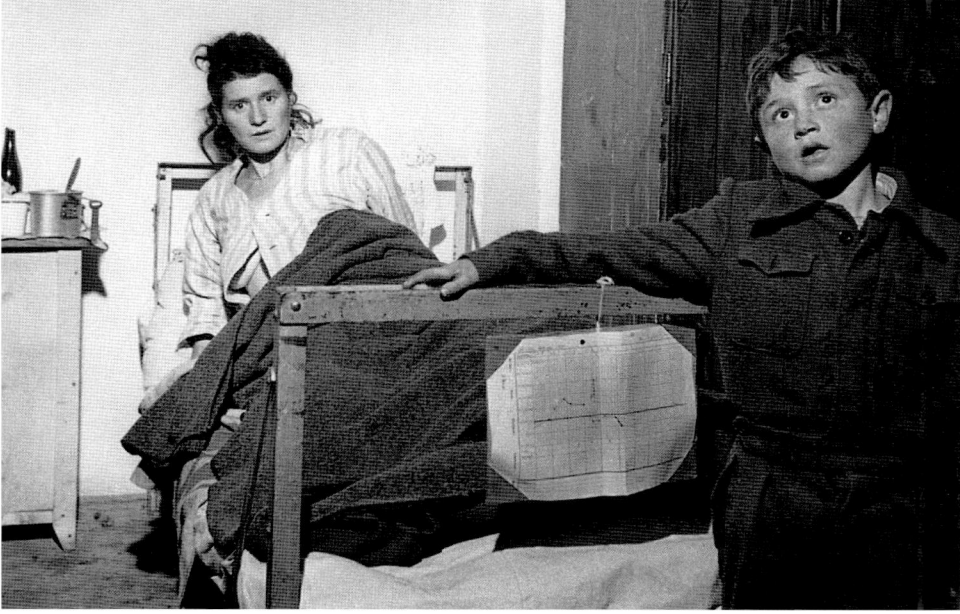

regneten Tagen gab ich das Warten an der Grenze zu Jugoslawien auf und fuhr nach Wien zurück, ohne allerdings meinem Ziel, dem Balkan und Ungarn, näher zu kommen. Denn, wie schon erwartet, lagen die Einreisepapiere nicht in Wien für mich bereit, stattdessen erhielt ich weiter hinhaltende Auskünfte.

Bei meiner täglichen Jagd nach den Papieren kam ich in Wien an einem Gebäude vorbei, bei dem ich mich plötzlich wieder an ein früheres Gespräch mit Judge L. E. Levinthal, dem Berater für Jüdische Angelegenheiten von General Clay, erinnerte. „Sollten Sie in Wien sein", hatte er mir geraten, „dann vergessen Sie nicht, das Rothschild-Hospital zu besuchen. Dort wartet ein Flüchtlingsstrom von Tausenden von Leuten auf seine – wahrscheinlich illegale – Emigration nach Palästina." Ich ging die Treppe zum „Internationalen Komitee für jüdische KZ-ler und Flüchtlinge" hinauf, stellte mich vor und erwähnte auch den Namen von Mr. Levinthal. Zu meinem Erstaunen hatte der Direktor meinen Besuch erwartet. Er gab mir die Erlaubnis, im Rothschild-Hospital zu fotografieren, fügte aber hinzu, dass, wenn sich nur einer der Flüchtlinge weigern sollte, ich sofort aufhören müsse. Vom 5. bis 7. November – mein Visumsantrag für Ungarn war inzwischen abgelehnt worden, Belgrad vertröstete mich weiter – machte ich viele Aufnahmen im Hospital und erhielt sogar die Erlaubnis, in der kleinen Synagoge zu fotografieren. Niemand weigerte oder beschwerte sich. Am Abend des 7. November nahm ich mit Dank Abschied vom Rothschild-Hospital und fuhr nach Berlin zurück.

Als ich Anfang Dezember meine besten Fotos der New York Times übersandte, schickte ich dem Herausgeber der Zeitung, Mr. Sulzberger, dazu folgenden Kommentar: „I was waiting in Vienna to get my clearances for the curtain countries – which I never got. It was then that I planned to utilize my time between phonecalls to Belgrad and Budapest and visits to the respective consulates. I was waiting, and my mind turned to those unfortunate who have been waiting, who are still waiting, and who will have to wait for a long time to come. These photographs tell the story of waiting, they tell of coming and going. But waiting is the real agony of the DP's."

Von meinem Chef in New York erhielt ich am 24. Dezember ein begeistertes Telegramm: „Ries stop congratulations on your underground railroad to Palestine stop that's the kind we like to get – Rae". Doch „genau das, was wir gerne möchten", hat die N.Y. Times niemals veröffentlicht, möglicherweise aus Rücksicht, um die Underground-Flüchtlinge nicht zu gefährden.

„Wie geht es weiter?"

Lernen und arbeiten auf kleinstem Raum

Essensration für die Reise

Abtransport wohin?

Warten und hoffen

Fotografische Hindernisse und Enttäuschungen

Im Verlauf von insgesamt 16 Tagen – vom 26. Januar bis zum 10. Februar 1948 – berichtete ich von der ersten Winter-Olympiade nach dem Krieg in St. Moritz. Damit meine Fotos und Berichte das N.Y. Times-Büro in London so schnell wie möglich erreichten, eilte ich jeden Abend zum Bahnhof, wo ich dem Schaffner im Zug nach Zürich ein Paket mit Negativ-Filmrollen und Positiv-Berichterstattungen in die Hand drückte, abgesehen vom Bakschisch. Meine Pakete wurden von Zürich aus mit der jeweils letzten Maschine nach London geflogen, wo ein N.Y. Times-Mann sie bereits erwartete. Ich war nicht der einzige amerikanische Fotoreporter in St. Moritz. „ACME-Agency" war mit drei Reportern vertreten, „Associated Press" (AP) sogar mit sieben, und „Life" hatte drei sehr bekannte Fotografen, drei Assistenten, drei Fahrer und einen Bürochef geschickt. Von diesem Aufgebot tief beeindruckt, notierte ich in meinem Tagebüchlein: „How can I compete?"

Nach Aufnahmen vom Training der Sportler in den ersten Tagen und einem ziemlich chaotischen Treffen der Pressefotografen am Vortag der Eröffnung nahm ich am 30. Januar bei strahlendem Wetter an der feierlichen Eröffnungszeremonie teil. Die internationalen Hymnen brachten die Nationen wieder zusammen. Erinnerungen an die Sommer-Olympiade 1936 in Berlin kamen mir wieder in den Sinn. Damals war es mir, dem 19-Jährigen, gelungen, in den für die Presse bestimmten Rundgang auf dem Innenfeld des Olympiastadions zu gelangen. Bewaffnet mit meiner Leica und einer selbst gedruckten Visitenkarte – „Carée – Photography – New

York, London, Paris" – wurde ich freundlich und ohne Hitlergruß von dem Kontrolleur durchgelassen. Hitler wollte der internationalen Presse den besten Eindruck vermitteln, was ihm auch gelang. In seiner Loge salutierte er vor jedem Goldmedaillen-Gewinner und schüttelte ihm die Hand, allerdings nicht die von Jesse Owens. Zwar hatte dieser amerikanische Athlet „nur" vier Gold-Medaillen gewonnen, aber der Kerl war ein Schwarzer.

Abgesehen von der täglichen Knipserei und Raserei zu den sportlichen Wettkämpfen, wobei ich mir oft erst einen Weg durch den tiefen Schnee bahnen musste, sind mir drei Ereignisse am Rande in unvergesslicher Erinnerung. Das erste betraf meinen amerikanischen Kollegen Walter Sanders vom „Life"-Team, der während des Wettkampfs der Skispringer mit seiner Assistentin folgende Verabredung getroffen hatte: Walter würde bei jeder Aufnahme die Filmnummer seiner Leica und anschließend die Nummer des jeweiligen Skispringers ausrufen. Und so legte er los mit der Arbeit: „Film 16, Jumper 23; 17 - 5; 18 - 12; 19 - 19." Assistentin: „Walter, du hast Nummer 19 zweimal ausgerufen." Walter, sichtlich gereizt wegen der Unterbrechung, schaute seine Mitarbeiterin verdutzt an. Dann schrie er: „Enough of this shit! Let me get out of this pile of snow!" Und, wie um dem Ganzen noch die Krone aufzusetzen, schmiss er eine seiner zwei Leicas und dann sich selbst in den Schnee, wobei er seine Wut in die unvergesslichen Worte goss: „Fuck the Olympics!"

Ereignis Nummer zwei betraf mich selbst und war nicht minder eine Anforderung an starke Nerven – und nicht nur das. Es passierte beim 1500-Meter-Eisschnell-Lauf der Herren, zu dem wir Fotografen uns am Ziel versammelt hatten, um die führenden Läufer zu schnappen. Als ich in der siebenten oder achten Runde in die Hocke ging, um für die Aufnahme eine bessere Perspektive zu erreichen, hörte ich plötzlich ein metallisches Geräusch und konnte das Malheur sogleich auch fühlen: Es war mein Hosenreißverschluss, der sich ausgerechnet jetzt und hier von unten nach oben geöffnet hatte. Da stand ich nun ich armer Tor vor Tausenden von Zuschauern! Eilig versuchte ich, den Zipper wieder ins alte Gleis zu manipulieren, während mich der Life-Fotograf, Nat Farbman, diskret vor Zuschauerblicken beschützte. Aber was konnte die Abschirmung durch einen Mann in einem Zuschauerkreis von 360 Grad schon groß ausrichten? Laut meiner Geschichtslektionen am „Schi-Re-Gy" hatte es Napoleon da seinerzeit viel leichter. Seine Generäle umzingelten ihn, Augen nach außen!, wenn er im Feldzug seine Knöpfe öffnete, um sein Geschäft zu vollziehen. Aber ich war weder Napoleon noch verfügte ich über eine Gruppe von Generälen, und so sauste der eisige Wind durch meinen offenen Hosenschlitz, der sich partout nicht mehr schließen ließ. Weil ich das Stadion während des scheinbar ewig dauernden Wettkampfs nicht verlassen konnte, blieb mir nichts anderes übrig, als mich in mein Schicksal zu ergeben. Am späten Abend, nicht allein in meinem warmen Bett, wurde mir versichert, dass zum Glück kein Teil meines Körpers unter den Strapazen gelitten hatte.

Ereignis Nummer drei beleuchtet die manchmal auch tragische Seite des Reporterberufs. Zwei Tage nach Abschluss der Olympiade ruhte ich mich mit Walter Sanders und Mark Kaufmann an der Bar unseres Hotels aus, als der leichenblasse Büro-Chef von „Life" erschien und Walter ein Telegramm überreichte. Walter überflog das Telegramm und fing plötzlich an zu schluchzen. Wortlos reichte er es an Mark und mich weiter: „Ghandi assassinated stop entire Life magazine issue to Margaret Bourk-White photos stop one full page by Walter stop two AP photos opposite." Der Mord an Ghandi, der die Welt schockierte, hatte die Berichterstattung über die Olympiade über Nacht aus den Schlagzeilen geworfen. Nach zwei Wochen anstrengender und intensiver Arbeit eines ganzen Stabs von Reportern gab es dafür im „Life"-Magazine nur eine einzige Seite!

Meine italienische Reise

Wahlkampf in Italien März 1948

oben: **Alcide de Gasperi**
unten: **Guglielmo Giannini**

oben: **Palmiro Togliatti**
unten: **Pietro Nenni**

Nach einem anstrengenden, aber interessanten Jahr als rasender Fotoreporter in Europa spendierte mir die New York Times zwei Wochen Urlaub, die ich in Frankreich genießen wollte. Doch kaum in Paris angekommen, erreichte mich ein Telegramm aus New York mit der Aufforderung, schleunigst nach Italien zu fahren, um die dortigen ersten Nachkriegswahlen zu dokumentieren. Obwohl ich einerseits enttäuscht war, dass aus der Ruhepause nun nichts würde, war mir andererseits doch sofort klar, dass es ein spannender Auftrag war, der sich lohnen würde. Und so wurden aus zwei geplanten Er-holungswochen in Frankreich 38 intensive Arbeitstage in Italien:

18. März: Berlin, München. 19.: Garmisch, Innsbruck, Brenner-Pass, Bozen, Trient, Verona. 20.: Modena, Bologna, Rimini, über enge kurvige Gebirgslandstrassen nach Rom; großes Zimmer im Hotel „Albergo Hassler" mit Sicht über die Spanische Treppe bis zum Vatikan; Be-sprechung mit Leuten vom N.Y. Times-Büro. 21.: Times stellt Dolmetscher zur Verfügung; diverse Fotos vom Stadtzentrum. 22.: Besuche Wahlbüro und amerikanische Botschaft; Versuch, Erlaubnis für ein Porträt von Papst Pius XII. zu erhalten; wegen Wahlen und Ostern kompliziert; man wird das Beste tun. 23.: Sehr starke Zahnschmerzen, der Nerv muss raus! 24.: Exklusive Fotos in einer Fabrik 30 Meilen außerhalb von Rom; interessante Diskussion mit faschistischem Besitzer. 25.: Fotos römisches Polizeihauptquartier; 2. Besuch beim Zahnarzt. 26.: 1. Paket mit Fotos und Kommentaren nach N.Y. 27.: Zahnarzt; riesige Massenversammlung wegen Palmiro Togliatti, Vorsitzender der Kommunistischen Partei; Togliatti bemerkt, dass ich von einigen

Leuten beim Fotografieren angegriffen werde, er unterbricht seine Rede und ruft ins Mikrofon: „Benehmt euch! Amerikaner, selbst Fotografen, sind hier willkommen. Wir haben nichts zu verbergen."; Arbeit bis spät in die Nacht. 28.: Ostern! Fotos vom Papst auf dem Balkon des Vatikanischen Palastes hoch über dem Petersplatz; 2. Paket nach N.Y. 29.: Zum vollständig vom Krieg vernichteten Gaete und Cassino; Ansprache von Alcide de Gasperi, Vorsitzender der Christlichen Demokratischen Partei, ca. 50 000 Zuhörer; vollständig erschöpft, ohne Essen ins Bett. 30.: Telegramm von Bruce Rae aus N.Y.: „First pix arrived stop splendid!"; 12 Uhr Zahnarzt; entwickle und arbeite den ganzen Tag an Cassino-Fotos und Kommentaren; 3. Paket nach N.Y. 31.: Studenten demonstrieren im Arsenal. ...

Es waren hektische und bis obenhin mit Arbeit angefüllte Tage, und so blieb es bis zum Schluss auf dieser Reise. Ich sprach mit Parteifunktionären und Pfarrern, mit sozialistischen Bürgermeistern und Kommunisten, und ich schickte weit über 500 Negative von Aufnahmen aus dem ganzen Land an die Times in New York, die heute nicht mehr auffindbar sind. Auffällig war die unterschiedliche Mischung der politischen und religiösen Hoffnungen im Norden und im Süden. Im Norden: Kommunismus, Sozialismus, Faschismus, gemischt mit Kirche; im Süden: Kirche, Kommunismus, gemischt mit etwas Sozialismus und Faschismus. Aber im Norden wie im Süden konnte man Männer bei schwerer Arbeit singen hören und Frauen beim Austeilen karger Nahrungsmittel stolz und freundlich lächeln sehen.

Im April war auch Ann nach Italien gekommen. Wir trafen uns in Salerno und fuhren am Tyrrhenischen Meer entlang nach Eboli, dann weiter südlich nach Campagna. In dieser Kleinstadt mit zwölftausend Einwohnern genossen wir die großzügige Gastfreundschaft von Kommunisten, die es trotz Nahrungsknappheit fertig brachten, ein herrliches Festmahl zuzubereiten. Anschließend machten wir auch dem Pfarrer unsere Aufwartung, und obwohl sich Kirchenmänner und Kommunisten nicht so ganz grün waren, gelang es mir, den Pfarrer zur Rechten und die Genossen zur Linken in einer historischen Aufnahme im Zentrum des Städtchens festzuhalten, während sie sich die Hände reichten.

Zurück in Salerno fragte mich Ann beim Abendessen im Hotel plötzlich nach dem Datum. „Mittwoch, der 7. April." Sie schaute mich vorwurfsvoll an: „Hattest du nicht über die Botschaft eine Audienz beim Papst angemeldet, und wenn überhaupt, wann soll das sein?" Ich blätterte hastig in meinem kleinen Notizbuch und stieß schnell auf den Vermerk: „Possible audience with Pope", eingetragen unter Donnerstag, den 8. April! In Windeseile schlangen wir unser Essen hinunter, packten, zahlten und rasten durch peitschenden Regen und Sturm über Neapel und Formia nach Rom, wo wir kurz nach Mitternacht ankamen. Im „Albergo Hassler" überreichte mir der Nachtportier ein Kuvert mit der Nachricht, dass wir am 8. April um 1 Uhr mittags zur Audienz bei „His Holiness" erwartet würden – „appropriate dress required".

Am nächsten Morgen fragte ich Ann, ob sie ein passendes Kleid für den Papstbesuch mitgebracht hätte. „Natürlich. Das dunkelrote Seidenkleid!" Ich war skeptisch: War das nicht zu dekolletiert? Kurze Ärmel? Kein Kopftuch! Aber Ann lachte nur: „Während du das Auto holst, werde ich schon das Richtige finden." Als ich um kurz nach zwölf ins Hotel zurückkam, war Ann immer noch auf dem Zimmer. Endlich kam der Fahrstuhl. Eine höchst elegante junge Dame stieg aus und tanzte, dabei mit einer schwarzen Kopfbedeckung in der linken Hand und einer weißen Bluse in der rechten winkend, lächelnd auf mich zu. „Was ist das für eine Bluse?" Stolz präsentierte mir Ann ihre Erfindung: „Zwei Schweizer Spitzentücher in den Ärmeln, das dritte am Busen." „Und das Kopftuch?" „Ein elegantes schwarzes Höschen aus Paris. Jetzt aber schnell!"

Wir waren pünktlich und zwanzig andere Amerikaner waren es auch, alle ebenfalls mit Kameras ausgerüstet. Aber Fotografieren war verboten! Irgendjemand von der Botschaft hatte uns in eine solche Gruppe gequetscht. Von New York Times und United Press offenbar keine Ahnung. Tough shit. – Wir mussten in einem großen Raum warten. Eine Tür öffnete sich wie von alleine. Seine Heiligkeit erschien, ging von einer kleinen Gruppe zur nächsten und sprach überall ein paar höfliche Worte. Die Besucher knieten nieder und küssten seinen Ring. Schließlich fragte der Papst, den man offensichtlich informiert hatte, dass wir nicht-katholische amerikanische Journalisten waren, in gutem Englisch: „May I bless your profession?" Aber Ann und ich hatten inzwischen jegliches Interesse an dieser Veranstaltung verloren. Wir bedankten uns nur noch, dann war die Zeremonie ohnehin beendet. Damals war das fragwürdige Verhalten dieses Papstes gegenüber Juden kaum bekannt.

Es war schon fast am Ende dieser Reise, als wir bei einer Demonstration in Mailand Zeugen einer gefährlichen Situation wurden. Neofaschisten hatten sich auf der Piazza Loretto versammelt, wo drei Jahre früher am

Balken einer Tankstelle Mussolini und seine Freundin Clara Petracci mit den Köpfen nach unten gehängt worden waren. Während die Rechten Parolen brüllten und marschierten, war eine kleine Gruppe linker Gegendemonstranten erschienen. Wortgefechte hin und her und erste Prügeleien drohten zu eskalieren, als die Polizei eingriff und die Demonstranten mit Warnschüssen und Gummiknüppeln auseinander jagte. Auf einem meterhohen Mauervorsprung sitzend, beobachtete und fotografierte ich die Szene, unbehelligt von den Polizisten.

Mir kam ein Vergleich mit dem Tierleben in den Sinn: Hund Nr. 1 hat genug vom Kampf mit Hund Nr. 2 und haut ab. Nr. 2 rast hinter ihm her. Nr. 1 wird müde und legt sich auf den Rasen. Nr. 2, jetzt auch ermüdet, legt sich friedlich neben ihn. – Natürlich weiß ich nicht, ob sich ein Polizist neben einem Demonstranten ausruhen würde. Vermutlich hätte er den Kerl weiter mit seinem Knüppel geschlagen, denn wir sind doch viel menschlicher als Hunde.

Wir packten unsere Sachen inklusive Kopf- und Busentücher, fuhren zur Grenze nach Chiasso, dann weiter durch die Schweizer Berge, bis wir uns in Brunnen am Vierwaldstätter See niederließen. Statt der mir zustehenden 14 Tage machte ich meine üblichen 24-Stunden-Ferien. Erfrischt von den wunderschönen Alpen erreichten wir Berlin am 30. April 1948.

Seite 128-131:
**Fotografische Eindrücke
von meiner italienischen Reise**

128

Kontrollpunkt Helmstedt kurz vor Beginn der Blockade
Juni 1948

Berliner Blockade

Der letzte Tag, an dem die vier Siegermächte gemeinsam ihre Flagge hissten.
Berlin, 22. Juni 1948

Bereits im Frühjahr 1948 hörte und las ich fast täglich von Spannungen zwischen den sowjetischen und westlichen Alliierten in Berlin. Es begann mit Schikanen: Westdeutsche Lastkähne werden auf der Spree und den Kanälen in Berlin von Ost-Polizisten an der Weiterfahrt gehindert. Die westlichen Alliierten protestieren im Kontrollrat. Daraufhin dürfen die Lastkähne wieder verkehren, nun aber keine Eisenbahnzüge. Wegen angeblicher Schienenreparaturen werden alle Gleise nach Berlin gesperrt. Erneute Gespräche im Alliierten Kontrollrat werden ergebnislos abgebrochen. Züge dürfen zwar bald darauf wieder durch die sowjetische Zone nach Berlin dampfen, allerdings erst nach stundenlangen Grenzdurchsuchungen. In der Berliner „Kommandantura" können sich selbst die Dolmetscher nicht mehr verständlich machen – oder wollen. Vor dem Gebäude werden nur noch die Fahnen der drei Westmächte hochgezogen. Aus vier Siegermächten werden zwei rivalisierende Lager. Rivalen werden Gegner. Nur ein falscher Schachzug und Gegner können zu schwerbewaffneten Feinden werden!

Am 17. Juni wurde ich von einem sowjetischen Soldaten am Grenzübergang bei Helmstedt vor der geschlossenen Schranke gestoppt: „Nix fahren, Autobahn kaputt." Ich schaute meinen alliierten Soldaten skeptisch an, wendete und fuhr ein Stück weiter nach Norden bis zur Elbe, wo ich eine klapprige Fähre fand, die mich und mein Auto ohne weitere Probleme am gegenüberliegenden Ufer – in der sowjetischen Zone! – absetzte. Nach kurzer Weiterfahrt entdeckte ich eine Auffahrt zu der „gesperrten" Autobahn, trö-

**Britische Lautsprecherwagen
informieren die Bevölkerung über
die tägliche zweistündige Stromlieferung.**
30. Juni 1948

delte vier Stunden – man durfte damals in
der sowjetischen Zone nicht schneller als 35
km/h fahren – ohne das geringste Anzeichen
von Straßenreparaturen, und ohne einen
Polizisten oder Sowjetsoldaten zu erblicken,
nach Berlin, wo ich schließlich wohlbehalten,
aber sehr müde in meiner Wohnung im Ami-
Sektor landete. Am 24. Juni wurden alle
Zufahrtswege nach West-Berlin von den
Sowjets unterbrochen. West-Berlin glich
einer Insel im „Roten Meer". Aber mit dem
Luftweg hatten die Russen nicht gerechnet!

Einen Tag nach meiner trotz der Grenz-
sperrung gelungenen Rückkehr nach Berlin
hörte ich etwas von „Währungsreform" in
den Berliner West-Sektoren. In der Nacht
zum 22. Juni notierte ich in meinem
Tagebüchlein: „Stay up late; listen to radio;
seperate currency reform announced!" Schon
am 26. Juni wurden die ersten Kisten mit den
neuen Banknoten für die westlichen Sektoren
von Berlin auf dem Flughafen Tempelhof
entladen, nachdem zwei Tage zuvor die normalen Zufahrtswege nach Berlin gesperrt
worden waren. Vor der Wechselstube am Zoo
fragten sich die West-Berliner: „Kleiner
Mann, was nun?"

Am 23. Juni 1948 waren um Mitternacht
in West-Berlin die Lichter ausgegangen:
Stromsperre! Von nun an gab es während der
elf Monate andauernden Blockade für die
Bevölkerung innerhalb von 24 Stunden nur
noch zwei Stunden Strom, zeitlich versetzt in
den einzelnen Stadtbezirken. Das konnte
auch mitten in der Nacht sein, und so gab es
manche Hausfrau, die nachts kochte oder
bügelte, wenn ihre Familie schon in tiefem
Schlaf lag. Bei einer Ausstellung meiner Fotos

von Berlin unter der Blockade im Berliner
Titania-Palast wurde die Büglerin inmitten
ihrer schlafenden Familie von den Besuchern
als „eindrucksvollste Aufnahme" ausgewählt.
Fast alle der vielen Tausend Menschen, die
die Ausstellung im Mai 1949 gesehen haben,
waren selbst Betroffene und hatten jeder für
sich ihr eigenes kleines Blockadeschicksal zu
tragen gehabt. – Vom 18. Mai bis 8. Juli
1973 zeigte die Landesbildstelle Berlin in
einer Retrospektive „Berlin vor 25 Jahren"
noch einmal eine Auswahl meiner Fotos aus
der Zeit der Blockade. In seinem Vorwort zu
dem Ausstellungskatalog schrieb der damalige Kurator, Dr. Friedrich Terveen, über
meine Absichten folgende Sätze, die mir aus
der Seele gesprochen sind: „Nicht auf die

Darstellung des technischen Ablaufs oder die
chronologisch genaue Schilderung der damaligen politischen Ereignisse kam es ihm an.
Ihm lag schon im Moment der Aufnahme,
aber auch jetzt bei erneuter Durchsicht der
mittlerweile historischen Fotos, vor allem
daran, den damaligen Alltag der Berliner und
den menschlichen Aspekt von Zeitläuften
sichtbar zu machen, die manchmal nur zu
eilfertig und vordergründig mit plakativen
Formeln wie ‚heroisch' und dergleichen abgestempelt werden."

Wegen der Stromsperre war die Bevölkerung in den langen Monaten der Blockade
auch weitgehend von Radionachrichten abge-
schnitten, und von den wenigen lizensierten
Zeitungen gab es nur geringe Mengen an

Die Stromsperre wird um Mitternacht für zwei Stunden aufgehoben.
25. Oktober 1948

kleinen Kiosken. Um den Berlinern aus ihrer Verunsicherung herauszuhelfen, fuhren amerikanische und britische Lautsprecherwagen mit den neuesten Nachrichten und Informationen durch die stromlosen Bezirke. Und nach dem 26. Juni 1948 kreisten und dröhnten britische und hauptsächlich amerikanische Flugzeuge durch die Berliner Luft, um die Menschen in West-Berlin mit dem Nötigsten zum Überleben zu versorgen, erst alle zehn oder zwanzig, dann alle fünf, acht und schließlich alle zwei bis drei Minuten. Während der letzten Monate der Luftbrücke landeten alle 30 Sekunden Sunderlands, C-54er, Skymaster und Flying Boxcars auf einem der drei Flugplätze von West-Berlin (Tempelhof, Gatow und, während der Luftbrücke in Tag- und Nachtschichten von den Berlinern neu gebaut, Tegel). Der Höhepunkt war am 16. April 1949 erreicht, als mit 1.383 Flügen in 24 Stunden 12.849 t Versorgungsgüter eingeflogen wurden. Im Verlauf der elf Monate dauernden Blockade sollen es insgesamt 1.783.686 t gewesen sein. Die Kosten der Lufbrücke beliefen sich auf 350 Millionen Dollar. Die traurige Unfallbilanz: 41 Engländer, 31 Amerikaner und 6 Deutsche verloren ihr Leben.

Sicherlich war es das erste Mal, dass drei Jahre nach einem solchen Vernichtungskrieg der Sieger den besiegten Feind statt mit Feuerbomben mit Lebensmitteln vom Himmel aus versorgte, von der Schokolade an winzigen Fallschirmen – den „little vittels" – ganz zu schweigen. Gleich nach dem Ende des Krieges hatten die Amerikaner es bewusst vermieden, die hungrigen, ängstlichen Gesichter der Menschen im zertrümmerten

oben:
Flughafen Tempelhof bei Nacht

unten:
Die Flugzeuge können wegen Nebel nicht fliegen.
3. November 1948

Lagerung der eingeflogenen Versorgungsgüter
1948

Absturz eines amerikanischen Flugzeugs in Berlin-Friedenau
25. Juli 1948

Berlin anzuschauen. Nachdem das ganze Ausmaß der Nazi-Verbrechen bekannt geworden war, waren wir verbittert. Doch während der Blockade wurden die Westberliner auf einmal zu Freunden. In der Tat, „some of our best friends were Germans."

Zu dem schon erwähnten Ausstellungskatalog der Landesbildstelle Berlin aus dem Jahr 1973 schrieb auch ich ein Vorwort, aus dem ich hier zitieren möchte, weil es meine eigene Situation als Deutsch-Amerikaner und Emigrant in dieser Zeit beleuchtet:

„Mit schwerem Herzen fuhr ich damals, im Januar 1938, von Berlin fort, wo ich zwanzig Jahre zuvor geboren war, aufwuchs, zur Schule ging, meine erste Freundin hatte. Man ließ doch viel zurück, Familie und Freunde; und alles für die ungewisse Zukunft des Emigranten in der Neuen Welt.

Sieben Jahre später, in amerikanischer Uniform, mit neuen Freunden in neuer Sprache, voller Erwartung kam ich zurück – zurück in eine tausendjährige Verwüstung zu alten, hungrigen Freunden, zu unbezeichneten Gräbern. Und dem ‚Ami' wurde sein Herz wieder schwer. Langsam löste sich die Spannung, und nach meiner Abmusterung und nachdem ich Bildredakteur bei der amerikanischen Zeitung ‚OMGUS Observer' geworden war, entdeckte ich meine alte Stadt wieder, durch das Objektiv und in mir selbst. Seitdem blieb meine Linse immer scharf auf die Berliner eingestellt.

Ende 1946 wurde ich Chef-Fotograf von ‚The New York Times'. Ich reiste kreuz und quer durch Europa ... Aber immer zog es mich nach Berlin zurück. Und ebenso, wie seine Vergangenheit mich fesselte, versuchte ich seine

Gegenwart auf meinen Film zu bannen; den schrecklichen Abstieg der Stadt, die schmerzlichen Bemühungen der Menschen um den Wiederaufbau. Und dann kam die Blockade. Während der nächsten elf Monate, als die Augen der Welt auf Berlin gerichtet waren, versuchte ich, die Stadt und ihre Bewohner der Welt draußen nahezubringen ...

Natürlich machte einiges mir die Arbeit leichter; für den Amerikaner, der beide Sprachen beherrschte, für den Fotografen einer der bedeutendsten Zeitungen der Welt, waren die Türen zu Clay oder Kotikow, zu Reuter und Ulbricht leicht geöffnet. Und an Dokumenten für ungehinderten Grenzübegang und – vor allem – zum Fotografieren fehlte es nicht.

Doch jetzt, fünfundzwanzig Jahre später – wenn ich heute die Stadt sehe, die alten und die neuen Mauern, die verfallenen Ruinen und die nagelneuen Geschäfte, die offenen jungen Gesichter und die verdorrten Alten, die durch Hass und Hetze, durch Bomben und Feuerstürme hindurch nochmal davongekommen sind – dann glaube ich, dass das, was mir vielleicht doch am meisten geholfen hat, das Spreewasser gewesen ist, mit dem ich ‚getauft‘ bin.“

Meine Fotos aus den Nachkriegsjahren sind in verschiedenen Ausstellungen mit unterschiedlichen Schwerpunkten nicht nur in Deutschland, sondern auch in den USA gezeigt worden. Eine erste Buchveröffentlichung mit ausgewählten Fotos erschien in Amerika bereits 1950 unter dem Titel „German Faces“ (dt. Ausgabe: „Deutsche, Gedanken und Gesichter“, Argon Verlag 1988) und hatte dort eine große Wirkung: Fünf

Jahre nach Kriegsende erhielten die Amerikaner zum ersten Mal einen authentischen Eindruck vom Leben und Denken der besiegten Deutschen in ihrem zerstörten Land. Es war die Zeit des Kalten Krieges und der gerade vollzogenen Teilung Deutschlands. Aber die von allen meinen Aufnahmen wohl berühmteste wurde das „Rosinenbomber“-Foto aus der Zeit der Berliner Blockade: Kinder drängen sich auf einem Trümmerberg bei Tempelhof, um ein ankommendes Flugzeug zu begrüßen. Obwohl schon vielfach gezeigt und veröffentlicht, darf es natürlich in meiner Autobiografie nicht fehlen.

Am 12. Mai 1949 ging in Helmstedt endlich der Schlagbaum hoch. Die Blockade war beendet. Die Luftbrückenversorgung lief dennoch weiter, wenn auch in verminderter Form, und wurde erst Anfang Oktober endgültig eingestellt. Am Nachmittag des 12. Mai sprach Ernst Reuter vom Schöneberger Rathaus aus zu Tausenden von Westberlinern: *„Wir beide, Berlin und ich, haben den Kommunismus ausprobiert und abgelehnt. Zwar haben wir die Blockade bewältigt, aber das wahre Tauziehen um Berlin hat erst begonnen. Unser Schicksal hängt vom Westen und von Westdeutschland ab. Das Schicksal des Westens und das von ganz Deutschland hängt von Berlin ab.“*

Am 15. Mai 1949, drei Tage nach dem Ende der Blockade, erlaubte mir General Lucius D. Clay, von 1947 bis 1949 Militärgouverneur der amerikanischen Besatzungszone in Deutschland, ihn und seine Gattin beim Kofferpacken für die Rückreise in die USA zu fotografieren und zu interviewen. Leider hatten Reporter zu dieser Zeit noch keine tragbaren Kassettenrecorder. Ich kann mich aber noch sehr gut an einige seiner aufschlussreichen Antworten erinnern: „Ja, ich hatte gleich zu Beginn der Blockade unserem Präsidenten vorgeschlagen, die sowjetische Zonengrenze mit einem bewaffneten Militärkonvoi zu durchbrechen. Harry Truman hat ein solches Unternehmen strengstens untersagt und dadurch vielleicht den dritten Weltkrieg verhindert." – „Die Luftbrücke ist für uns ein Stück Alltagsleben geworden. Auf ihrem Höhepunkt flogen Maschinen im Abstand von 30 Sekunden ein und aus. Unsere Berliner Wohnung liegt direkt in der

Kundgebung vor dem Schöneberger Rathaus zum Ende der Blockade
12. Mai 1949

**General Lucius D. Clay
entfernt sein Namensschild.**
Mai 1949

Einflugschneise nach Tempelhof. Ich gewöhnte mich daran, unter dem gleichmäßigen Dröhnen gut zu schlafen. Nur wenn es ruhig war, wachte ich auf." Und als ich Frau Clay fragte, lächelte sie: „So gut wie mein Mann kann niemand schlafen."

Am Vortag hatte General Clay seine letzte Pressekonferenz abgehalten, als einer der Journalisten ihn an einen Brauch erinnerte: „General! It is customary to give your shingle in front of your office to one of us!" Clay entfernte sein Schild und überreichte es mir als Andenken. Ich überreichte es als Geschenk für die Stadt Berlin anläßlich einer Feierstunde am 19. Mai 1999, in der mir „in Würdigung hervorragender kultureller Verdienste um Berlin" vom Regierenden Bürgermeister von Berlin der Ehrentitel „Professor E.H." verliehen wurde.

Der kleine Kampf
um den Magistrat von Groß-Berlin

Polizisten bewachen den Eingang zum Neuen Stadthaus.
August 1948

Es hatte schon im August 1948, zwei Monate nach Beginn der Blockade, angefangen, als ein Pöbel von bezahlten SED-Mitgliedern eine Sitzung des demokratisch gewählten Magistrats, damals noch von ganz Berlin, verhinderte. Als am nächsten Tag ein ähnliches Pack in die erneut anberaumte Sitzung im Neuen Stadthaus im sowjetischen Sektor eindrang – die Berliner Werktätigen, so die SED, wollten den Stadtverordneten „ihre Forderungen vortragen" –, wurde mir verboten zu fotografieren. Was sich jedoch am 6. September abspielte, war wirklich gefährlich.

Die 81. Sitzung der Stadtverordnetenversammlung im Neuen Stadthaus war für 12.00 Uhr angesetzt. Ich hatte zunächst einige Fotos vom gegenüberliegenden Mietshaus aus gemacht, ging dann aber, ungehindert von der (noch) friedlichen Menschenansammlung, durch das halboffene Gittertor auf den Eingang des Gebäudes zu. Mein Ausweis wurde kontrolliert, die Eingangstür aufgeschlossen und hinter mir sofort wieder verschlossen. Auf Grund meiner Erfahrungen in den Wochen zuvor suchte ich zunächst nach einer Hintertür, um im Fall der Fälle meine Kamera zu retten und vielleicht auch mich. Ich fand das Richtige bei „Herren". Das Milchglasfenster zum Hinterhof ließ sich öffnen. Als ich hinausblickte, sah ich, wie sich gerade eine mit Plakaten bewaffnete SED-Gruppe im Demonstrieren übte. Im Korridor fand ich ein Telefon. Von dort rief ich meinen Fahrer an – er wartete schon auf meinen Anruf – und erklärte ihm mein Wie, Wo und Wann. Außerdem beschrieb ich ihm den Hinterhof, wo er das Milchglasfenster vom Herrenklo im Auge behalten sollte. Kurz

darauf sah ich, wie sich eine Demonstrantenmenge durch das Gittertor vor dem Eingang quetschte und Sekunden später ein kleiner Kerl eine Scheibe der Eingangstür einschlug, um gleich darauf durch die Sprossen der Tür hindurch zu klettern. In diesem Moment löste ich den Blitz meiner Kamera aus. Weder Polizei noch Magistratsbeamte waren in Sicht. Als ich angesichts der hereindrängenden Menge – der Kerl hatte inzwischen die Tür mit dem Schlüssel von innen geöffnet, ohne dass ihn die Umstehenden daran hinderten – schleunigst auf „Herren" verschwand, sah ich gerade noch, wie die Kamera von Hank Bourroughs, United Press, von Demonstranten zerschmettert wurde

und Ernie Leiser, Korrespondent für „Overseas News Agency", sich nur mit Mühe am Treppengeländer festhalten konnte, um nicht von der anstürmenden Masse überrannt zu werden. Relativ sicher in meinem Versteck, öffnete ich das Fenster weit genug, um meinem treuen Fahrer zwei Kassetten in die Hand zu drücken. Dann versteckte ich meine Kamera – ich weiß nicht mehr wie oder wo –, durchquerte möglichst unauffällig das Vestibül voller Menschen und ging durch die zertrümmerte Eingangstür und das offene Gittertor bis um die Ecke, wo mein Fahrer schon auf mich wartete. Entwickeln, trocknen, vergrößern – alles musste anschließend in meiner Wohnung ganz schnell gehen,

Tumult vor dem Neuen Stadthaus
6. September 1948

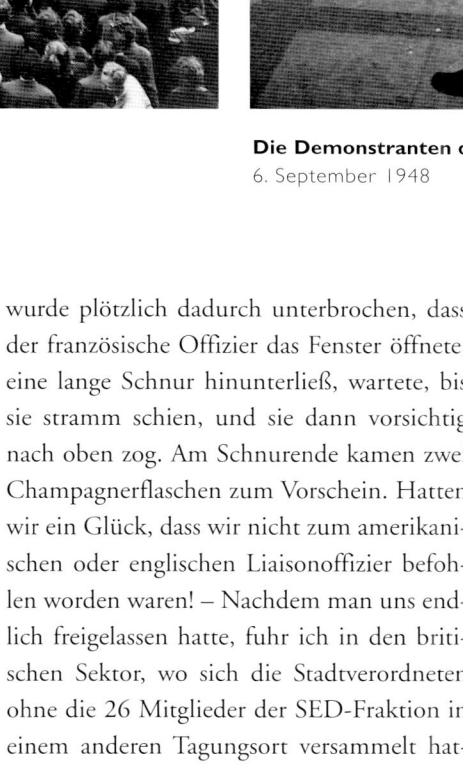

Die Demonstranten dringen in das Magistratsgebäude ein.
6. September 1948

um das Material noch am gleichen Tag per „Luftbrücke" in die USA zu expedieren. Am nächsten Tag sah ich mein Foto von dem „Einbrecher" im Magistratsgebäude in der New York Times, wie üblich ohne meinen Namen.

Als ich um 16.00 Uhr zum Neuen Stadthaus zurückkam, war das Gebäude fast leer. Man ließ mich hinein, aber nicht mehr hinaus. Fast wie ein Gefangener wurde ich von einem Beamten in den dritten Stock begleitet und dort im Büro des französischen Liaisonoffiziers abgeliefert. Acht oder zehn Journalisten und Fotografen hielten sich in dem Raum mit Kartenspielen und Erzählungen bei Laune. Die unruhige Ruhe

wurde plötzlich dadurch unterbrochen, dass der französische Offizier das Fenster öffnete, eine lange Schnur hinunterließ, wartete, bis sie stramm schien, und sie dann vorsichtig nach oben zog. Am Schnurende kamen zwei Champagnerflaschen zum Vorschein. Hatten wir ein Glück, dass wir nicht zum amerikanischen oder englischen Liaisonoffizier befohlen worden waren! – Nachdem man uns endlich freigelassen hatte, fuhr ich in den britischen Sektor, wo sich die Stadtverordneten ohne die 26 Mitglieder der SED-Fraktion in einem anderen Tagungsort versammelt hatten. Nach den Aufregungen des Tages war der ungestörte Ausklang am Abend schon beinahe langweilig.

Drei Tage später, am 9. September 1948, versammelten sich fast 300 000 Berliner auf dem Platz vor und einige sogar auf dem Reichstag zu einer Protestkundgebung gegen die SED-Angriffe auf die Stadtverordnetenversammlung. Ohne Fahnen und Plakate, ohne laute Propagandareden und in aufmerksamer Ruhe hörten sie der bewegenden Ansprache Ernst Reuters zu:

„Ihr Völker der Welt, ihr Völker in Amerika, in England, in Frankreich, in Italien! Schaut auf diese Stadt und erkennt, dass ihr diese Stadt und dieses Volk nicht preisgeben dürft und nicht preisgeben könnt."

Menschenmenge vor dem Reichstag
wartet auf die Ansprache von Ernst Reuter.
9. September 1948

„Ihr Völker der Welt, schaut auf diese Stadt.“
300 000 Berliner lauschen der Rede Ernst Reuters. 9. September 1948
Im Hintergrund der abgholzte Tiergarten mit dem sowjetischen Ehrenmal

Grenzmarkierung auf dem Potsdamer Platz 21. August 1948
Die Ost-Berliner Polizisten-Kette markiert
die Grenze zwischen dem sowjetischen und britischen Sektor.

Jeder Zentimeter zählt.
21. August 1948

„Janz jut jebaut."
Berliner Kinder bewundern
einen amerikanischen Panzer.
Juli 1948

Sektorengrenze an der Oberbaumbrücke
November 1948

**Menschenschlange
vor einem Wahllokal bei der Wahl
eines separaten Magistrats für West-Berlin**
5. Dezember 1948

Ernst Reuter bei der Stimmabgabe
Die SPD erringt mit 64,5 % der Stimmen
die absolute Mehrheit. Zwei Tage später
bestätigen die Abgeordneten einstimmig
Ernst Reuter im Amt des Oberbürgermeisters.

Auftritt des Alexandrow-Ensembles am Gendarmenmarkt

Ami raus!

Es war zwar nur ein kleines Ereignis am Rande, aber eines, das die damals schon sehr gespannte und misstrauische Atmospäre gut beleuchtet. Was für ein Unterschied zu der zuvorkommenden Behandlung in der sowjetischen Zone ein Jahr zuvor!

Ich hatte gehört, dass der Alexandrow-Chor der Sowjetarmee und Folkloretänzer am Gendarmenmarkt im sowjetischen Sektor auftreten sollten, um den Ostberlinern zu beweisen, dass Kunst und Kultur nicht nur im Westen gedeihen. Ich fuhr also am 18. August 1948 zu der Veranstaltung und war von den erstaunlichen Darbietungen der Tänzerinnen und Tänzer und dem Chorgesang so beeindruckt, dass ich kaum Zeit zum Fotografieren fand. Plötzlich verstellte mir ein sowjetischer Offizier die Sicht auf die Bühne, griff nach meiner Leica und drohte in scharfem Ton, dass er mich verhaften würde, wenn ich nicht innerhalb von drei Minuten verschwände. Inzwischen hatte ich durch Erfahrung gelernt, dass Argumente bei sowjetischen Offizieren nichts bewirkten, besonders seit Bestehen der Blockade, und höchstens zu Unannehmlichkeiten führen würden. Trotzdem versuchte ich es, indem ich erklärte, dass ich lediglich die russischen Tänzer fotografiert hätte und keine Militärgeheimnisse. Doch der Sowjetoffizier schien nicht einmal zugehört zu haben. Er wiederholte nur, und dieses Mal noch etwas lauter: „Nix Foto! Drei Minuten, raus!" Auch ohne weitere Handgreiflichkeiten überzeugten mich Mimik und Gestik des Majors, dass ich ihn ernst nehmen müsse und dass ein Dutzend Fotos besser sind als eine beschlagnahmte Kamera. Notgedrungen verließ ich den Ort des Ärgers und fuhr in meinem Auto nach West-Berlin zurück.

Wiener Wahlen im Dreivierteltakt

Im März 1948 hatte ein Telegramm aus New York meinen Urlaub in Frankreich verhindert: „Ries stop cover Italian elections stop". Eineinhalb Jahre später, am 19. September 1949, erhielt ich ein ähnliches Telegramm: „Ries stop cover Austrian elections stop". Soweit die Ähnlichkeiten. Hiermit die Unterschiede: Während ich wie ein Wilder sechs Wochen durch fast ganz Italien sauste, schlenderte ich sechs gemütliche Tage in Wien herum. In Italien begrüßten sich Männer mit temperamentvollen Umarmungen und Küssen auf beide Wangen. In Wien verbeugten sich Männer in höflicher Distanz voreinander, begrüßten aber die von einer Dame gereichte Hand mit einem zärtlichen Busserl. Italien ist vom warmen Mittelmeer umarmt, Österreich von sechs mehr oder weniger kühlen Nachbarn. Aber begeisterte Musikliebhaber leben in beiden Ländern.

Weil ich meine Pflicht gegenüber der New York Times nicht als Musikliebhaber oder -kritiker, sondern als Fotoreporter zu erfüllen hatte, hielt ich Ausschau nach den zu Wahlkampfzeiten üblichen Versammlungen, Kanzelrednern und Plakaten. Schließlich entdeckte ich zwei große Wahlplakate der konkurrierenden politischen Parteien. In der Nähe betätigten sich die „Wiener Stadtmusikanten", die es wahrscheinlich gar nicht gibt, mich aber wegen des aufdringlichen Lärms, den sie erzeugten, an das Bremer Quartett in Gestalt von Esel, Hund, Katze und Gockel erinnerten. Auf dem Plakat im Hintergrund machte der Innenminister, Oskar Helmer, freundliche Miene zum grimmigen Getöse. Und wie von einem anderen Stern konnte ich hinter den lauten Pauken

und Posaunen die lautlosen Töne von Isaac
Stern, Erika Morini, Clemens Krauss und
Anton Bruckner vernehmen, die auf
Konzertplakaten daneben angekündigt
waren. Würde denn die Musik von „ewigen
Juden" und ehemaligen Nazis die Wunden
des Hasses und der Zerstörung heilen kön-
nen? Und würde sie das Leiden und die
Vernichtung der 115 000 österreichischen
Juden vergessen lassen können? Und was
fühlten die jungen russischen Soldaten vier
Jahre nach diesem Vernichtungskrieg, in dem
Millionen ihrer Kameraden im Schnee und
Dreck umgekommen waren? Und die zwei
älteren Damen mit dem süßlichen Lächeln,
die der kleinen sowjetischen Militärkapelle
lauschten und die vielleicht einmal dem
„Führer" mit größerer und lauter Begeisterung zugejubelt und ihn – sich in der Menge
auf Zehenspitzen reckend – bewundert
hatten?

Um mich von dieser gekünstelten
Süßlichkeit zu erholen, wanderte ich im
Stadtpark umher, wo ich Johann Strauß
(Sohn) in bronzener Lebensgröße auf einem
steinernen Sockel entdeckte. Aber weder die
spielenden Kinder noch ihre Tanten oder
Gouvernanten hörten ihm zu. Ich wollte eine
musikalische Erinnerung an Wien mitneh-
men und bat deshalb die Feuerwehr, mir auf
ihrer Leiter einen geeigneten Standort für
eine Aufnahme zur Verfügung zu stellen. So
entstand meine fotografische Komposition
„Wien und Musik im Dreivierteltakt".

Johann Strauß - Statue im Stadtpark Wien 1949

Bernhardiner

Am 29. November 1949 erreichte ich um 9 Uhr früh im Schlafwagen das Schweizer Städtchen Martigny, von wo ich anschließend im Bummelzug zum verschneiten Osières weiterfuhr. Hansueli erwartete mich, wie verabredet, in seinem Jeep am Bahnhof. Auf der verschneiten Landstraße nach Bourg St. Pierre bemerkte ich, dass Hansueli nur ein Paar Ski mitgebracht hatte. „I ha doch kei Ähnig gha, dass Sie chönd schiefahrä. Sie hettäd mia doch söllä säggä. Wohrschindlich wär's füa Sie sowieso eifacher, z'fuäss zur Hüttä z'laufä." Mir war nicht ganz wohl bei dieser Auskunft, aber Hansueli war ein Einheimischer und musste es schließlich wissen, wie wir am besten ankamen.

Langsam gerieten wir in immer tieferen Schnee und langsam kam Hansuelis Jeep ins Rutschen. Als die Räder wie wild durchdrehten und wir kaum noch vorwärts rollten, brüllte Hansueli: „I fahr zerscht no chli hindersig. Un jetzt ..." Es blieb uns nichts anderes übrig, als uns zu Fuß auf den Weg zur Hütte auf halber Höhe zu machen, was, wie mir Hansueli ja versichert hatte, sowieso „eifacher z'fuäss z'laufä" sei. Hansueli hatte nur eine Sorge: „Aber was soll i denn mit mim Jeep macha?" „Den können Sie abholen, wenn der Schnee schmilzt", gab ich etwas grimmig zur Antwort.

Im Schneckentempo pilgerten wir – Hansueli auf Skiern, ich auf Knien – in Richtung Grand Saint Bernard. Drei Stunden nachdem wir den Jeep verlassen hatten, erreichten wir völlig erschöpft die Hütte auf halbem Wege. Während mein „Baedeker" ein Feuer im Kamin schürte, rief ich das Hospiz an. „Herr Ries! Wir haben Sie bereits vor

Bruder Bernhard mit seinem Lieblingsbernhardiner

einigen Stunden erwartet. Und jetzt wird es bald dunkel." Nachdem ich unsere Situation erklärt hatte, versprach mein freundlicher Gesprächspartner am anderen Ende, uns einen der Brüder mit extra Ski zu schicken. Während meine Füße langsam am wärmenden Feuer auftauten, erblickte ich plötzlich durch ein kleines Fenster einen riesigen schwarzen Vogel, nein: ein kleines Flugzeug, nein: Es war „Superman" auf Skiern und mit einem extra Paar auf einer Schulter, der mit

seinem im Fahrtwind flatternden Habit auf unsere Hütte zusegelte. Die Tür ging auf und unser guter Engel trat ein. „Ich heiße Bernhard". Ja, wahrhaftig! „Ich habe Ihnen etwas Stärkung, auch Rotwein, mitgebracht. Bitte essen und trinken Sie langsam. Sie haben noch eine lange, steile Strecke vor sich." Gekräftigt und erfrischt von der Rast in der Hütte stapften wir kurze Zeit später auf Skiern im Tiefschnee weiter aufwärts. Mit Bernhard in der Mitte – er schleppte nicht

**Das Hospiz auf dem
San Bernardino und seine Bewohner**
November 1949

Fell verkrustenden Eises häufig an Lungenentzündung erkrankten und starben, wurden sie mit Labradorhunden gekreuzt. Ist ein Verunglückter zur Sommerzeit gemeldet, wird ein Hund mit umgeschnalltem Körbchen ausgeschickt, in das ein wenig Proviant, Verbandszeug und ein Fläschchen Rum gelegt wurde. Wenn der Verunglückte selbst laufen kann, führt der Hund ihn zum Hospiz; anderenfalls kehrt der Hund zurück und holt einen Mönch. Im Winter, wenn alles zugeschneit ist, schickt man die Hunde nicht alleine auf Suchdienst, da das Körbchen mit dem Proviant und Verbandszeug sie daran hindern würde, im Schnee voran zu kommen. Deshalb fährt ein Mönch auf Skiern mit, der auch die notwendige Ausrüstung für die erste Hilfe mitführt, während der Hund nur die Aufgabe hat, seinen Herrn auf die Spur des Verunglückten zu führen.

Nach dieser Einweihung bat ich die Ordensbrüder, sie mit allen fünfzehn Hunden fotografieren zu dürfen. Da Hunde, sogar mit Labradoren gekreuzte Bernhardiner, sofort spüren, dass ich ein Hundeliebhaber bin, gelang es mir, die ganze Meute ohne aggressives Bellen mitsamt den Brüdern für die fotografische Ewigkeit zusammenzubringen. Ein Tag bei herrlichem Wetter war ausreichend für dieses Feature. Ich verließ die gastliche Herberge am nächsten Morgen. Von Bruder Bernhard sicher geleitet, schoss ich im Neuschnee auf Skiern ins Tal hinunter, wo ich in nur eineinhalb Stunden Bourg St. Pierre erreichte. Der Aufstieg hatte siebeneinhalb Stunden gekostet.

nur meinen Kamerakasten und Handkoffer sondern auch Hansuelis Rucksack auf seinem Rücken – erreichten wir nach weiteren zweieinhalb Stunden das Hospiz. Todmüde sank ich im „Hôtel du Grand Saint Bernard" in tiefen Schlaf.

Am nächsten Morgen – mein verhinderter Fahrer war bereits verschwunden – wurde ich nach dem schweigend eingenommenen Frühstück im Kreis von zehn Mönchen und fünfzehn Hunden eingeweiht: Seit der Gründung des Hospizes im Jahr 962 in 2472 m Höhe haben Augustiner Mönche viele von Kälte und Sturm überwältigte Wanderer oder verunglückte Skifahrer vor dem sicheren Tod bewahrt. Der Rettungsdienst ist oft schwer und erfordert viel Kraft. Darum haben sich die Mönche treue Helfer abgerichtet, die berühmten Bernhardiner Hunde. Weil aber echte Bernhardiner wegen des sich in ihrem

Madame, c'est les couillons

Auf Empfehlung französischer Musiklieb- haber hatte ich am 21. November 1949 in Paris einen Michel de Bry besucht, der in einer Sendereihe bei „Radiodiffusion Française" seine Sammlung klassischer Musik – von Adolphe Adam bis Andrew Zappa – vorstellte. Während unseres Gesprächs über musikalische Erlebnisse und Ereignisse wanderten meine Augen zu einigen ungewöhnlichen Gegenständen auf seinem Schreibtisch. Es handelte sich, wie sich wenig später herausstellte, um Bronzeabgüsse von Händen und Füßen berühmter Persönlichkeiten, unter anderem von Katherine Dunham und Poumanova, die „grande Sarah Bernhardt", Baron Edouard de Rothschild, Rita Hayworth, Ali Khan, Sacha Guitry und Marian Anderson. Seine Sammlung wie auch Monsieur de Bry selbst interessierten mich so sehr, dass ich ihn und diese ungewöhnlichen Werke zwei Wochen später fotografierte. Offenbar beeindruckte ihn auch mein fotografisches Werk, denn er revanchierte sich mit einer Einladung ins „Au Mouton de Panurge", ein Pariser Feinschmeckerlokal, von dem ich noch nie etwas gehört hatte, das ich aber nie vergessen werde.

Pünktlich um acht Uhr erwartete uns Monsieur de Bry an seinem „Stammtisch" (wie ich später erfuhr). Er erhob sich und begrüßte meine damalige Frau Ann mit einem eleganten Handkuss. Während die beiden plauderten – Ann in ihrem texanischen und Monsieur in seinem französischen Englisch – studierte ich die umfangreiche Speisekarte. Abgesehen von den feudalen Menüs mit zahlreichen historischen und literarischen Anspielungen und Erklärungen erfuhr ich darin, dass unser Gastgeber zum erlauchten Klub der Genießer gehörte. Ich fand seinen Namen in einer Fußnote, gar-

niert mit einigen phantasievollen Ehrentiteln: „Membre de l'Académie Culinaire de France, Commandeur de la Confrèrerie du Tastevin, Compagnon de Rabelais".

Rabelais! Erst jetzt entdeckte ich die üppigen Wandmalereien, die mit vulgärem Vergnügen am Fressen und Saufen wie zur Zeit Rabelais' die eleganten Gäste verhöhnten. An einer Wand befanden sich zudem Aufschriften, die wie eine Auswahl aus dem „Glossaire Gastronomique" aussahen: „Couillon plombé", „Couillons de mouton Braguibus", „Couillons aux légumes", „Couillon vernissé", „Couillon joly" – Couillon à la dies und à la das. Weil Journalisten von Beruf aus neugierig sind, fragte Ann Monsieur de Bry, was „Couillon" eigentlich bedeute. „Oh, là là! Madame Riäs das not no se wörd ,couillon'!", eine Bemerkung, die am Nachbartisch ein vornehmes Lächeln auslöste. Monsieur de Bry winkte den Maître an unseren Tisch und stellte uns vor: „Madame ent Monsieur Riäs de la Nujorg Teims." Le Maître küsst Anns Hand, Monsieur flüstert anschließend etwas in Maîtres Ohr. Maître: „Oh! Madame Riäs not no se wörd ,couillon'! Un moment, Madame." Er schnalzt mit den Fingern, um ein hübsches junges Mädchen auf uns aufmerksam zu machen, das ein echtes Schaf von Tisch zu Tisch führt, damit die Herren ihren Damen einen Veilchenstrauß aus den Körbchen überreichen können, die das Tier auf seinem Rücken trägt. Mädchen und Schäfchen kommen an unseren Tisch. Maître dreht das Schaf mit dem Hinterteil zu uns, hebt den Schwanz mit der linken Hand hoch und deutet mit dem rechten Zeigefinger auf das entblößte Geschlecht des kleinen Hammels: „Madame, c'est les couillons!" – Ann bestellte Fisch.

Pariser Intermezzo 1949-1951

rechte Seite:
**Der Obelisk von Luxor
an der ‚Place de la Concorde'**

**Entspannung am Flügel
in meiner Pariser Wohnung**
1950

Die Basilika Sacré-Cœur auf dem Montmartre

Berühmte Persönlichkeiten in Paris

**Die Schriftstellerin
Colette**

Vladimir Horowitz

**Pablo Picasso,
im Hintergrund Louis Aragon**

Helen Keller

Viva Franco – Arriba España

Nach dem Ende der Blockade stand Berlin nicht mehr im Mittelpunkt der Weltpresse. Schon im Jahr 1949 war ich deshalb nach Paris gegangen, wo die New York Times ebenfalls ein Büro unterhielt. Da zunächst nur uninteressante Aufträge auf meinem Schreibtisch landeten – meist ging es um Mode (als ob Paris nichts anderes zu bieten hätte!) –, fotografierte ich die Stadt, wobei ich viel mit Infrarottechnik experimentierte, und einige bedeutende Persönlichkeiten, die ich in Paris erreichen konnte, wie Colette, Helen Keller, Pablo Picasso, Josephine Baker, Artur Rubinstein und Le Corbusier. Die New York Times hatte mich inzwischen zum „roving photo-journalist in Europe" promoviert (leider ohne auch mein Gehalt zu avancieren), was mir noch etwas mehr Bewegungsfreiheit gab. Mein Vorschlag, ähnlich wie zuvor aus Italien nun aus Spanien zu berichten, wurde von meinen Auftraggebern in New York sofort gebilligt, und so machte ich mich im Februar 1950 auf den Weg nach Spanien, wo ein faschistisches Regime den Weltkrieg überlebt hatte.

Ich erreichte am 10. Februar die Grenze zwischen Frankreich und Spanien. Entgegen meinen Befürchtungen dort stundenlang von der spanischen Polizei mit Fragen und Kontrollen festgehalten zu werden, wurde ich sehr zuvorkommend behandelt und ohne Verzögerung ins Land gelassen. In meinem Tagebüchlein notierte ich anschließend: „Excellent treatment. No problems. No search through cameras and stuff." Aber im Landesinneren drängte sich mir schon bald ein bedrückendes Bild vom Zustand des Landes auf, das mich fast täglich während der gesamten Dauer meines Spanienbesuchs verfolgte: Es war der Kontrast zwischen trostloser Armut und pompösen Inszenierungen, zwischen Elend und Überheblichkeit, der mich im ganzen Land unter dem faschistischen Regime von Francisco Franco, General und „Caudillo", begleitete.

Relativ unbeobachtet durchquerte ich vierzehn Städte von Madrid bis Sevilla, von Zaragoza bis Barcelona, von den Pyrenäen bis zum Mittelmeer. Wie in Italien besuchte und fotografierte ich Schulen und Universitäten, Bauernhöfe und Fabriken, Pfarrer und Kirchen, Kinder, Mütter, Arbeiter und Soldaten. Bei näherer Beobachtung wurden die Gegensätze zwischen Italien und Franco-Spanien offensichtlich: Selbst die ärmsten Italiener fanden oder fabrizierten sich in irgendeiner Weise ein Dach über dem Kopf, in Spanien hausten die Armen in vorsintflutlichen Steinhöhlen. Italiener tanzten zur Musik, Spanier marschierten. Italiener liebkosten ihre Kinder zu jeder Zeit auf dem Spielplatz, spanische Kinder sah man selten auf der Straße. Die Wohnung des demokratisch gewählten italienischen Präsidenten, Alcide de Gasperi, wurde, wenn überhaupt, nur von wenigen Soldaten zu Fuß bewacht, das eingezäunte Gelände des spanischen Diktators dagegen Tag und Nacht von schwer bewaffneten marokkanischen Leibwächtern zu Pferde. In Italien war selbst während des

Wahlkampfs kaum Militär auf den Straßen zu sehen gewesen, in Spanien wimmelte es von Militär. Zu meinem Erstaunen durfte ich jedoch als Ausländer – noch dazu als Amerikaner! – in der Militärakademie in Saragossa fast alles fotografieren und wurde dort am Abend außerdem von temperamentvollen Tänzerinnen und ihren Partnern mit Gesang und Kastagnetten prächtig unterhalten. Der vermutliche Grund für so viel freundliches Entgegenkommen wurde mir erst Jahre später klar: In Zeiten des Kalten Krieges wurde Spanien vom Westen gebraucht, der demzufolge nur allzu bereit war, über das faschistische Regime hinwegzusehen. Trotz faschistischer Diktatur war Spanien als Mitglied in die UNO aufgenommen worden und erhielt von Amerika massive ökonomische Unterstützung als Gegenleistung für Gelände, das die Spanier der amerikanischen Luftwaffe zur Verfügung stellten.

Am Morgen des 29. Februar 1950 klingelte in meinem Hotelzimmer in Madrid das Telefon. Es war Signor Barandica de Uhagon, mein eleganter offizieller Begleiter und Dolmetscher: „Mister Ries! Ich habe schon gestern den ganzen Tag versucht, Sie zu erreichen. Unser Botschafter in Mexico ist ermordet worden. Die Trauerfeier findet heute um 12 Uhr im Beisein von Franco, dem Kabinett und den Familienmitgliedern in der Kapelle des Außenministeriums statt. Anschließend wird der Leichnam auf einem Caisson von vier Pferden zum Südbahnhof gezogen." Als ich zu der von Francos Leibwächtern umstell-

ten Kapelle kam, wartete Signor Barandica schon auf mich. Punkt 12.00 Uhr marschierten Franco, sein Kabinett, die Familie des Ermordeten und Vertreter der spanischen Elite in den überfüllten Raum der kleinen Kirche. Es war nicht nur unpassend, sondern ganz und gar unmöglich, mich nach vorne zu drängeln, doch ein Blick nach oben löste mein Problem. Dank Signor Barandicas Erlaubnis stieg ich, begleitet von zwei bewaffneten Leibwächtern, zur Empore hinauf, von wo ich die ganze Versammlung im Blickfeld hatte. Als ich vorsichtig meinen ledernen Leicakasten öffnete, sah ich plötzlich zwei auf meinen Kopf gerichtete Pistolen. Die Bodyguards hielten mein 16 cm langes Objektiv für eine Mordwaffe. So leise und unauffällig wie möglich überzeugte ich meine feindlichen Begleiter, dass ich kein Attentat im Sinn hätte, sondern lediglich Fotos von Franco und den anwesenden Würdenträgern.

Auf Zehenspitzen verließ ich ohne Signor Barandica die Kapelle, um am Südbahnhof zu sein, bevor die Polizei alle Zugangsstraßen abgesperrt hatte. Um 16 Uhr traf Franco mit Gefolge am Bahnhof ein. Der Sarg wurde in den Zug geladen, Franco salutierte, machte eine Kehrtwendung und stolzierte zu seiner Limousine. Das war's – dachte ich. Doch urplötzlich veränderte sich die Szenerie: Eine Gruppe von Faschisten blockierte mit ausgestrecktem Führersalut Francos Entourage. Wahrhaftig, sie ließen ihren Führer nicht durch! Und so fing es an. In dem Moment, als ich die unerwartete Konfrontation foto-

grafieren wollte, gab einer der Falangisten seinen Kumpanen ein Zeichen. Innerhalb von Sekunden war ich von einer wilden Horde umzingelt, die nicht nur versuchte, mir meine Kamera zu entreißen, sondern auch meinen rechten Arm zum Nazi-Salut auszustrecken, während sie „Viva Franco. Arriba España" grölten. Obwohl sich die Situation in einer beängstigenden Art und Weise zuspitzte, versuchte ich, keinen Fehler zu machen. Ich wusste, dass man in einer dermaßen aufgeheizten Atmosphäre Augenkontakt zu seinen Gegnern vermeiden sollte. Es könnte als Herausforderung missverstanden werden. Einer von ihnen war so erregt, dass er mich brüllend, aber nicht bewusst anspuckte. Im brodelnden Zentrum der tobenden Masse konzentrierte ich mich vor allem darauf, meinen Leicakasten und die Rollei zu beschützen. Plötzlich drängelte sich ein junger Kerl zu mir durch und fragte in holprigem Englisch, ob ich Amerikaner sei. Als ich seine Frage bejahte, flüsterte er mir zu: „Mein Onkel, der lebt in Detroit." Dann versuchte er mit Gesten und Worten, auf meine Peiniger einzuwirken, um den engen Kreis um mich herum zu lockern.

Der theatralische Wahnsinn hatte wohl eine Ewigkeit von mehreren Minuten angehalten, als sich plötzlich zwei Hände unter meine Achseln schoben. Im Schock hatte ich weder die herannahenden Pferde noch Polizisten bemerkt, die ebenfalls zunächst versuchten, mir meine Kamera zu entreißen, was ihnen nicht gelang, mich dann aber lang-

Falangisten salutieren vor dem vorbeifahrenden ‚Caudillo‘. Madrid 1950

sam aus dem Gewühl befreiten, durch ein großes Gittertor in ein riesiges Gebäude schleppten und in dessen hoher Eingangshalle absetzten. Ein eleganter, kleiner Herr kam auf mich zu und fragte in perfektem Englisch, ob ich ein amerikanischer Reporter sei. Als ich dies noch ganz benommen bestätigte, entschuldigte er sich höflich für den Vorfall. Nach einer kurzen Besinnungspause fragte ich ihn, woher er erfahren habe, was da draußen vorgegangen war. „Ich habe alles von meinem Balkon hier im Ministerium aus beobachtet.“ Nach einer weiteren kleinen Erholungspause fragte ich nach, ob er wirklich alles gesehen hätte. „Ja!“, bestätigte er,

„von Anfang an. Und es tut mir wirklich sehr leid.“ Obwohl der Mann höflich war, spürte ich, wie in mir die Wut hochstieg. Ich zögerte noch einen Moment, um mir meine Antwort zu überlegen. Dann schaute ich ihm direkt in die Augen. „Sie hatten also oben auf ihrem Balkon das Vergnügen zuzuschauen, wie ein Amerikaner von einem Pack von Faschisten fast gelyncht wurde. Ihre Entschuldigung ist weder echt noch akzeptabel.“ Ich war so in Rage, dass ich auf den Boden spuckte, was sicherlich den eleganten Spanier völlig schockierte. Er drehte sich um und verschwand wortlos mit allen Anwesenden. Nur der Neffe vom Onkel in Amerika blieb noch

bei mir. Ich bedankte mich für seine unerwartete Hilfe.

Nachdem wir uns die Hände gereicht hatten, fragte er, ob ich das Foto von dem Mann sehen möchte, den er am meisten verehrte. Zwar wäre ich gerne so schnell wie möglich ins Hotel zurückgekehrt, konnte ihm aber seinen Wunsch nicht abschlagen. Er zog ein dickes Lederetui aus seinem Jackett und präsentierte mir voller Stolz das darin verwahrte Foto seines großen Vorbildes. Es war ein Bild von Adolf Hitler.

Der ‚Caudillo' General Francisco Franco 1950

Denkmal für die im Bürgerkrieg gefallenen und verwundeten Soldaten 1950

Don Quixote und Sancho Panza – Spaniens unsterbliche Helden

Pablo Casals - Festival

von links nach rechts: **Isaac Stern – Violine; Madeleine Foley – Cello; Pablo Casals – Cello; Eugene Istomin – Piano; Alexander Schneider (sitzend) – Violine.** Festival de Prades 1950

Da mein Chef in New York meinen Vorschlag, über das Casals-Festival im Juni 1950 in Prades zu berichten, ablehnte, nahm ich Urlaub, um den größten Cellisten seiner Zeit zu hören und zu portraitieren. Seit seiner Flucht aus Franco-Spanien lebte Pablo Casals in den französischen Pyrenäen im Exil. In Prades, dicht an der Grenze zu Spanien, bewohnte er in einem kleinen Hotel ein bescheidenes Zimmer. Von einem Zimmerfenster aus konnte er auf den „Mont Canigou" in Frankreich blicken, vom gegenüberliegenden Fenster nach Spanien. Der weltberühmte Cellist war schon seit Jahren nicht mehr öffentlich aufgetreten. Er hatte entschieden, keine Konzerte mehr zu geben, bis er wieder in Barcelona spielen könne, und er würde nicht in Barcelona spielen, solange Franco in Spanien an der Macht war. Es war daher eine kleine Sensation, dass er sich anlässlich des 200. Todesjahres von Johann Sebastian Bach von Freunden überreden ließ, in seinem Exil in Prades ein Musikfest zu veranstalten und dabei selbst zum ersten Mal wieder öffentlich aufzutreten.

Das Bach-Fest in Prades erstreckte sich über volle drei Wochen. Auf dem Programm standen unter anderem die Brandenburgischen Konzerte, die sechs Suiten von Bach für Violoncello und die Violin- und Klavierkonzerte. Als Solisten wirkten neben Pablo Casals selbst die Geiger Joseph Szigeti, Isaac Stern und Alexander Schneider mit sowie am Klavier Mieczyslaw Horszowski, Rudolf Serkin und Eugène Istomin, alle ebenfalls international bekannte und berühmte Interpreten. Sämtliche Konzerte fanden in der aus dem 14. Jahrhundert stam-

menden kleinen Kirche St. Pierre gegenüber dem Marktplatz statt. Am 2. Juni, dem Eröffnungsabend, war das ganze Dorf mit Girlanden, Wimpeln und Plakaten geschmückt, überall wehten katalanische Fahnen. Man konnte sich nur wundern, wie in dem winzigen Städtchen und den umliegenden Dörfern 50 Mitwirkende und Hunderte von Besuchern untergebracht werden konnten, die aus der ganzen Welt angereist waren, um die Konzerte zu hören. Auch eine Gruppe von Katalanen war trotz Verbot des Franco-Regimes zu Fuß über die Grenze gekommen, darunter auch ein Bischof und einfache Arbeiter.

Am Eröffnungsabend hielt der Bischof von St. Fleur vor dem ersten Konzert eine Ansprache, in der er die Konzertbesucher bat, in der Kirche nicht zu klatschen. Drei Wochen später, am Ende des letzten Konzerts, erhoben sich der Bischof von St. Fleur

und der Bischof von Perpignan von ihren Plätzen und begannen zu applaudieren. Alle anderen standen ebenfalls auf und schlossen sich der Ovation an.

Die internationale Reaktion auf dieses Musikfest war so begeistert, dass Pablo Casals dem Vorschlag zustimmte, jedes Jahr ein solches Fest zu veranstalten. Das zweite Festival, zu dem fast zweitausend Besucher kamen, fand in Perpignan statt, die Festspiele der beiden folgenden Jahre in den Ruinen der Abtei „Saint Michel de Cuxa", alle anderen danach wieder in Prades. Das letzte Casals-Festival, an dem der große Cellist teilnahm, war im Sommer 1966 kurz vor seinem 90. Geburtstag.

Rudolf Serkin und Pablo Casals
Festival de Prades 1950

In Titoland

linke Seite:
Erntefest in Petrograd

Aufmarsch der Jugendorganisation
Belgrad 1950

Was mir im Oktober 1947 nicht gelungen war, glückte mir zweieinhalb Jahre später: Ohne Probleme erhielt ich ein Visum für Jugoslawien. Am 26. Juli 1950 brach ich mit zwei Kamerakisten voll Blitzlichtern, zwei Rolleiflex, einer Leica mit vier Objektiven und Dutzenden von 35 mm- und 4x6 inch-Filmen in meinem Auto von Paris nach Basel auf, um dort Dollars gegen Dinare einzutauschen. Laut unserem Times-Bürochef in Belgrad erhielt man in Schweizer Banken zehnmal mehr Dinare für den Dollar als in Titoland. Leider hatte die Baseler Bank nur kleine Banknoten auf Lager, und so waren es 235 Dinarscheine, die ich irgendwie unterbringen musste. Noch am gleichen Tag landete ich im heißen Triest.

Am nächsten Morgen verstaute ich die beiden Kamerakisten wieder im Kofferraum meines Autos, warf Handkoffer und Schreibmaschine auf den Rücksitz und setzte mich behutsam hinters Steuer – sehr behutsam, um zu vermeiden, dass die 235 Scheine im Kuvert zwischen Bauch und „Juwelen" verrutschten. Man hatte mich gewarnt, dass Jugo-Grenzpolizisten alles gründlich untersuchten. Vorsicht war daher angesagt.

Um 9 Uhr Start Richtung Osten. Aber ich komme nicht weit: An der nächsten Straßenkreuzung versagt die Bremse. Zum Glück ist kaum Verkehr. Noch mehr Glück: Das Auto kommt genau vor einer Reparaturwerkstatt zum Stillstand. Von der Berg- und Talfahrt in den Alpen waren die Bremsen abgenutzt. Um 17 Uhr ist mein Auto repariert, zu spät zum Weiterfahren. Also zurück zum Hotel, Kamerakisten und alles Übrige wieder ins Hotelzimmer schleppen, dann erst mal auspusten. Nicht nur ich war schweiß-durchtrieft, sondern auch meine Dinare waren klatschnass. An einer langen Strippe – ein Fotograf muss auf alles vorbereitet sein – , die ich vom Duschvorhang zur Zimmertür, von dort zur Schranktür und zurück zum Badezimmer zog, baumelten alle 235 Dinar-lappen zum Trocknen.

Erneuter Aufbruch am nächsten Morgen. Die Scheine verstaute ich wieder in ihrem warmen Versteck und den ganzen übrigen Kram im Auto. In brütender Hitze rollte ich langsam auf die jugoslawische Grenze zu, die bald mit zwei langen Schlangen wartender Autos in Sicht kam. Es würde wohl Stunden dauern, und das bei dieser Hitze! Ich hielt hinter der etwas kürzeren Schlange, stieg aus und wartete im Schatten meines Autos, als schon nach kurzer Zeit ein Grenzsoldat auf mich zu kam und höflich nach meinem Pass fragte, den er aufmerksam durchblätterte. Dann deutete er auf den Kofferraum und sagte auf Deutsch: „Aufmachen." Er schaute zuerst den Inhalt und anschließend mich an. „Sie Fotograf? Ich auch mache Fotos." Mit einem freundlichen Lächeln klappte er selbst den Kofferraum zu und stempelte etwas in meinen Pass. „Zu heiß heute. Nicht gut für Film. Gute Fahrt." Die in der Schlange vor mir Wartenden waren genau so erstaunt wie ich, als „mein" Polizist mich persönlich zum Grenzübergang begleitete. Ich war nicht nur sprachlos, sondern fühlte auch Gewissens-bisse im Bauch.

Auf der durchlöcherten Landstraße hol-perte mein treues Auto gen Osten. Nicht nur weil es brütend heiß war, auch die staubige Straße lechzte nach Regen genau so sehr wie

ich. Die Götter müssen meinen Wunsch gehört haben, denn innerhalb von zehn Minuten fielen dicke Tropfen vom Himmel, die sich rasch zu einem wilden Wolkenbruch entwickelten. Die Temperatur fiel um min-destens zehn Grad. Plötzlich standen die Scheibenwischer still und kurz darauf das ganze Auto. Was nun? Ich versuchte gerade, durch die von den Regenmassen fast blinden Scheiben zu erkennen, ob es vielleicht ein Haus oder eine Ortschaft in der Nähe gab, als auf einmal Hände am Fenster des Beifahrersitzes sichtbar wurden, hinter den Händen Gesichter und Uniformen und hin-ter den Uniformen ein großer offener Lastwagen voller Soldaten, die unter einem riesigen Baum Schutz vor dem Regen gesucht hatten. Mit viel Gestikulieren und in holpri-gem Deutsch gelang eine Verständigung: „Auto kaputt?" „Ja." „Brauchen Hilfe?" „Ja, bitte. Aber in diesem Sturm?" Nach kurzer Besprechung untereinander verschwinden zwei der Soldaten in einem nahe gelegenen Bauernhaus, das erst jetzt in mein Blickfeld kommt. Ein Bauer kommt aus dem Haus und öffnet das Scheunentor. Mit Hilfe der Soldaten werden dort untergestellte Möbel hinausgeräumt in den Regen, vier Soldaten schieben mein Auto und mich in die Scheune. Zwei von ihnen öffnen die Motorhaube, fummeln im Inneren herum und werfen kleine Teile auf die Erde. „Starten bitte!" Nichts rührt sich. Mehr Teile fliegen aus den Gedärmen. „Starten bitte!" Wieder nichts. Sicherlich muss ich die Nacht beim Bauern verbringen, denn jetzt machen alle Pause. Ich verteile Zigaretten und Schokolade. Dann geht's weiter. „Starten

bitte!" Noch immer rührt sich nichts. Was verstehen diese Soldaten schon von einem Chrysler? Schon wieder: „Starten bitte!" Ich mache saure Miene zum sinnlosen Spiel. Alle stehen nun ratlos herum. Kein Wunder. Plötzlich hellt sich die Miene des Bauern auf. Er ruft den Soldaten etwas zu und ver-schwindet im Haus. Vielleicht doch ein Wunder?

Als der Bauer kurz darauf mit einer Rolle Heftpflaster zurückkommt, lächelt er stolz und siegessicher, das Pflaster wie eine kostba-re Perle hochhaltend. Es war in einem Care-Paket, das er kürzlich aus Amerika bekom-men hat. Die Soldaten runzeln skeptisch die Stirn, ich bin noch skeptischer. Meine zwei „Mechaniker" beugen sich wieder über den Motor. Mit dem Heftpflaster verbinden sie irgendwelche Drahtenden und befestigen auch die herausgeschmissenen Teile wieder. Gestikulieren: Ich soll mich ins Auto setzen. Alle Augen richten sich auf mich. „Starten bitte!" – Und das Ding springt wahrhaftig an!! Der Bauer wirft vor Freude seine Mütze in die Luft. Ich steige aus, bedanke mich bei allen und verteile den Rest der Zigaretten und Schokolade. Weder Bauer noch Soldaten wollen Geld annehmen.

In kaum zwei Stunden hatten der Bauer und die Soldaten, die nichts von amerikani-schen Autos verstehen, wie ich dachte, das Problem erkannt und gelöst. Es hatte nichts mit dem Wolkenbruch zu tun. Ein dünnes Kabel im Verteiler war gerissen. Weder Bauer noch Soldaten hatten ein Lötgerät, aber Heftpflaster – das hatte ich nun gelernt – kann auch viel bewirken. Der kleine Ort Nova Mesto, zu dem das Bauernhaus gehör-

Zagreb, Jugoslawien

te, hinterließ bei mir Bewunderung und Dankgefühle. Um 22 Uhr erreichte ich Zagreb und schlief im Palasthotel in den Sonntag hinein. Nach dem Frühstück setzte ich meine Reise fort und kam um 16.30 Uhr in Belgrad an.

Noch am gleichen Abend war ich bei Mr. Saunders, dem amerikanischen Botschafter, zum Essen eingeladen. Beim Essen sollte die politische und ökonomische Situation des Landes unter Tito besprochen werden. Außerdem wollte er mich mit anderen Journalisten bekannt machen. Als sich alle Gäste verabschiedet hatten, schlug Mr. Saunders ein „night cap" für uns beide vor. Während er seinen Spezialmartini mixte, erzählte ich ihm von meinen Erlebnissen am Tag zuvor. „Sie hatten wirklich zweimal Glück", sagte er daraufhin. „Sobald man jedoch in diesem Land die Leiter zu den hohen Herren hinaufklettert, ändert sich die Situation von Sprosse zu Sprosse. Sie werden es selbst erfahren, wenn Sie sich morgen bei Trutin, dem Chef des Informationsministeriums, vorstellen. Er wird viele Versprechungen machen aber wenige halten. Sie werden sich an Entschuldigungen, Ausflüchte und plötzliche Absagen, sogar an absichtliche Missverständnisse gewöhnen müssen. Schlimmstenfalls könnten Sie auch verhaftet werden, wenn Sie etwas fotografieren, was auf der Verbotsliste steht. Das Regime geht nicht sehr freundlich mit Journalisten um, besonders nicht mit Fotoreportern. Good luck, Mr. Ries."

Den folgenden Tag verbrachte ich fast ausschließlich damit, mich bei den diversen Ämtern registrieren zu lassen, darunter auch beim Informationsministerium. Vom Direk-

tor des Ministeriums, Pero Trutin, erhielt ich ein sogenanntes „Permit" (in der Landessprache und auf Englisch), um im Lande fotografieren zu können. Penibel waren darin sogar die Fabrikationsnummern meiner beiden Rolleiflex-Kameras und meiner Leica aufgeführt, außerdem Angaben darüber, was fotografiert werden durfte und was nicht. Erlaubt: „Freie Natur, historische und kulturelle Gebäude, Bauprojekte, Fußgänger, repräsentative Gebäude, Folklore, Neubauten". Nicht erlaubt: „Militärische, industrielle und andere verbotene Objekte". Darunter die kuriose Grußformel: „Tod dem Faschismus und Freiheit für das Volk!"

Vom Informationsministerium wurde mir am nächsten Tag auch ein Dolmetscher zur Verfügung gestellt, der allerdings offenbar noch andere Aufgaben hatte als nur zu übersetzen. Bereits auf dem Weg zu meinem Auto klärte er mich darüber auf, dass ich zwar meine Kameras an diesem Tag bei mir haben könnte, ich dürfte sie aber nicht benutzen, angeblich wegen „verbotener Objekte". Worum es sich dabei handelte, konnte oder wollte er nicht erklären. So fuhren wir ohne zu fotografieren durch Belgrad, während mein Aufpasser stolz auf Parkanlagen, historische und kulturelle Gebäude und sogar auf Fußgänger hinwies. Unterdessen ging mir ein Gedanke im Kopf herum und nicht mehr aus dem Sinn: „Tod für die Freiheit".

Die fotografische Ausbeute nach zweieinhalb Wochen war so mager wie der Eindruck vom Zustand des Landes: Arbeiter marschieren „freiwillig" durch Belgrad; Aufnahmen am Bahnhof (sogar ungestört); Erntefest in Petrograd; Co-op Dorf bei Belgrad: kaum

angefangen; Titograd: nichts als Inszenierungen für erwartete Besucher; in Skadar, um agrarische Anpflanzungen zu bewundern: nicht mal begonnen; Fabrikbesuch außerhalb von Belgrad mit Pressechef (!), aber angeblich niemand informiert, darum „nix fotos"; Arbeiter-Brigaden tanzen in Novo Belgrad; für fast alles keine Erlaubnis. – Am 19. August verließ ich Titoland. Die Bilanz: 65% Verbote, 20% Enttäuschungen, 15% Mitgefühle.

rechte Seite:
Strassenszene in Belgrad

Von Pontius zu Pilatus in Paris

Ein Foto soll tausend Worte wert sein – nicht so in Paris, wo man mehrere Tausend Worte (und etliche Ämter) benötigt, um die Erlaubnis für ein Foto zu erhalten. Ein Beispiel dafür war mein Erlebnis anlässlich der jährlichen Waffenstillstandsparade am 11. November 1950, die ich fotografisch dokumentieren wollte. Ich begann bereits am 4. November mit den Vorbereitungen und ging, weil ich aus Erfahrung wusste, dass Telefonate zu gar nichts führten, persönlich zur Presseabteilung des französischen Informationsbüros. Auf meine Frage, ob und welche Dokumente erforderlich seien, um bei der Parade fotografieren zu können, setzte mich der Chef der Abteilung, Monsieur Pavard, sofort ins Bild: „Sie benötigen dafür ein "brassard" (Armband), das Sie als Pressefotograf ausweist. Die 25 "brassards", die uns zur Verfügung stehen, sind ausschließlich für Film, Television und Fotosyndikate reserviert. Da die New York Times kein Syndikat ist, haben Sie Pech. Voilà." Ich versuchte, M. Pavard davon zu überzeugen, dass der N.Y. Times ein „brassard" zustünde, was ihn zwar nicht augenblicklich, aber doch auf längere Sicht umstimmte, denn am nächsten Morgen erhielt ich zu meinem Erstaunen von ihm die telefonische Zusicherung, dass ich „avec mes compliments" ein „brassard" erhalten würde.

Doch dies war erst der Anfang meines Feldzuges, denn nun wollte ich auch noch die Erlaubnis haben, die Parade von der höchsten Plattform des „Arc de Triomphe" aus zu fotografieren. M. Pavard zuckte mit den Achseln. Er empfahl, dies am besten mit dem Wachposten am „Arc" zu besprechen. Der höfliche Wachposten war begeistert: „Von der obersten Plattform? Magnifique! Aber ohne schriftliche Erlaubnis darf ich Sie nicht hinauffahren." Am Mittwoch früh zurück zu M. Pavard. Ich schilderte ihm meinen Misserfolg. „Am besten, Sie fahren zur Préfecture der Polizei", war nun sein Rat. In der Polizeipräfektur löste mein Anliegen nur Verwirrung und Erstaunen aus: „Wenn das alles ist, brauchen Sie nur zu M. Pavard, dem Leiter der Presseabteilung im Informationsbüro zu gehen, der ist dafür zuständig." Als ich zum Informationsbüro zurückkam, war der Laden zu.

Donnerstag früh fand ich mich erneut bei M. Pavard ein, um ihm die Sachlage zu schildern. M. Pavard war jetzt ernsthaft alarmiert: „Die Ehre Frankreichs war in Frage gestellt. Quel malheur!" Zusammen mit seiner charmanten Assistentin, Mademoiselle Lermontoff, machte sich der Chef der Presseabteilung des französischen Informationsamtes sofort an die Arbeit und telefonierte mit acht verschiedenen Behörden, die ihn und Mlle. Lermontoff an acht andere Behörden weiterverwiesen. Der Tag endete mit Kopfschütteln und höflichen Entschuldigungen.

Freitag früh traf ich M. Pavard und Mlle. Lermontoff in großartiger Stimmung an. „Monsieur Ries, es ist uns gelungen! Monsieur Pernot im Bureau de l'Architecture im Palais Royal wird Ihnen den notwendigen Ausweis überreichen. Bonne chance!" M. Pernot war charmant. Schon über mein Anliegen informiert, versicherte er, dass ich von ihm jederzeit die erforderlichen Dokumente bekommen könnte, aber: „Monsieur Ries, es tut mir sehr leid, am 11. November, unserem nationalen Feiertag, ist das unmöglich, wirklich ganz unmöglich, Monsieur Ries. An diesem Tag kann nur die Polizeipräfektur eine solche Genehmigung erteilen." Er würde aber gerne alles arrangieren und sich mit der Polizei in Verbindung setzen. Nach einem kurzen Telefongespräch versicherte M. Pernot, dass jetzt alles in Ordnung sei und dass ich am besten gleich M. de la Menn, den „Commissaire de la Direction Générale de la Police Municipale de la Préfecture de la Seine ..." – Noch ehe er mit seiner Litanei zu Ende war, war ich schon in der „de la, de la, de la", etc., etc.

Der Empfang war wie immer freundlich: „Es tut mir leid, Monsieur Ries, aber Monsieur de la Menn ist nicht im Haus. Möchten Sie mit jemand anderem sprechen?" „Ja, ja, mit jedem, mir ganz egal!" „Vielleicht Monsieur de Mandriquet?" „Ja, natürlich! Magnifique!" Auch M. de Mandriquet war charmant. Ja, er sei bereits über meine ungewöhnliche Absicht informiert. Ja, er könne die Erlaubnis ausstellen, aber nur, wenn er zuvor einen entsprechenden Brief von M. Pernot „de la Ministère de l'Education Nationale de la Direction Générale de l'Architecture de la Direction des Monuments Historiques" erhalte. Ich versicherte M. de Mandriquet, dass ich bereits die Erlaubnis von M. Pernot hätte. „Das ist richtig, Monsieur Ries, aber ohne einen offiziellen Brief mit Unterschrift ist es natürlich unmöglich ..." Also hin zum Palais Royal, wo mir eine Stunde später der von M. Pernot unterschriebene Brief ausgehändigt wurde. Dann wieder zurück zur Préfecture. Zum Glück war M. de Mandriquet noch im Büro. Am Freitagnachmittag hatte ich endlich alles, was ich für den nationalen Feiertag brauchte.

Sonnabendmorgen, den 11. November fuhr ich um 8 Uhr zum Arc de Triomphe, wo ich wieder meinen freundlichen Wachposten antraf. Nachdem ich ihm alle Briefe mit Unterschrift und Siegel gezeigt hatte, fuhren wir in einem sehr engen Fahrstuhl zum obersten Geschoss, von wo ich über eine Wendeltreppe die höchste Plattform erreichte. Etwas atemlos erwartete ich, jetzt einen großartigen Blick auf die Champs-Elysées und, etwas entfernt, den Place de la Concorde zu werfen. Aber ich sah nichts! Überhaupt nichts! Ich steckte dort oben in einem so dichten Nebel, dass ich kaum den „Etoile" unter mir erkennen konnte, vom Place de la Concorde ganz zu schweigen. In der Hoffnung, dass sich der Nebel lichten würde, wartete ich, bis entferntes Gedröhne von Pauken und Trompeten das Herannahen der Parade ankündigte. Noch immer von Nebel eingehüllt, blieb mir nichts anderes übrig, als meinen „exklusiven" Platz zu verlassen. Auf der Suche nach meinem Wächter stieg ich die Wendeltreppe hinunter zum Fahrstuhl, aber der war verschlossen. Nun musste ich Kameras, Objektive und ein Stativ auf der dunklen Treppe runterschleppen, während durch die Mauern meines „Gefängnisses" Vive-la-France-Rufe und Trommeln an mein Ohr drangen. Auch das eiserne Portal am Fuß der Treppe war verschlossen und von meinem Wachposten noch immer nichts zu sehen. Erst nachdem ich mit meinem Stativ laut hörbar gegen das Portal schlug, wurde er auf mich aufmerksam und befreite mich aus meinem Purgatorium genau in dem Moment, als Monsieur le Président im offenen Wagen um den „Arc de Malheur" gefahren wurde.

Und da wundern sich die Herren der New York Times, warum exklusive Fotos, abgesehen von genauer Zeit, gutem Wetter und dem richtigen Platz, zuverlässige und ortskundige Menschen benötigen – von Glück ganz zu schweigen.

Kranzniederlegung am Arc de Triomphe bei der Waffenstillstandsparade
11. November 1950

linke Seite:
**„Das wahre Gesicht der 2 Männer,
von denen euer Schicksal abhängt"**

Einer Pariser Concierge entgeht nichts.

Best photo of the year

Joe Louis (re.) besiegt Lee Savold.
New York 1951

Fast genau vier Jahre, nachdem ich bei der New York Times als Photojournalist für ganz West-Europa angefangen hatte, wurde ich nach New York zurückberufen, wo ich am 12. März 1951 landete. Schon bei der Überfahrt auf dem Luxusdampfer „Liberté" hatte ich mir ausgemalt, dass mein erster Arbeitsauftrag in New York entweder ein Porträt des Bürgermeisters Vincent Impellitteri oder von einigen Hundert Mitgliedern des „United Jewish Appeal" sein würde. Laut Eintrag in meinem Tagebüchlein vom 18. März beinhaltete er dann gleich beides, was ich an dieser Stelle bissig so kommentierte: „Impellitteri addressing United Jewish Appeal – ha-ha! Boring stupid, no good." – Im April bekam ich unter anderem den besonders „großartigen" Auftrag, den bronzenen Kopf des ersten Verlegers der New York Times, Adolf Ochs, zu fotografieren, der zwischen den Fahrstühlen auf dem Korridor in der ersten Etage des Times-Gebäudes noch heute bewundert werden kann. Zwar sind die Personen nicht vergleichbar, aber mich erinnert die Skulptur beim Niederschreiben dieser Erlebnisse an den 50-mal so großen bronzenen Kopf von Lenin im ehemaligen Ost-Berlin. Nicht nur die Größe ist allerdings ein wesentlicher Unterschied sondern auch die Verweildauer als Denkmal: Der Kopf von Ochs steht heute noch auf seinem Sockel.

Wenig ist aus dieser Zeit erwähnenswert bis auf folgende Ausnahme: Am 15. Juni 1951 sollte ich Aufnahmen vom Boxkampf zwischen dem Ex-Weltmeister im Schwergewicht Joe Louis und seinem Herausforderer Lee Savold in „Madison Square Garden"

machen. Wie man damals einen Boxkampf mit der „Speed Graphic" fotografierte, kann man sich heute nicht mehr vorstellen. Der Fotograf musste seine Speed Graphic für den Kampf auf eine mittlere Entfernung von acht Fuß einstellen, weil er die Einstellung nicht „speedy" genug verändern konnte. Während des Wettkampfs beugte er sich dann ständig so weit wie möglich nach vorne und zurück, was der arme Kerl später am Kreuz schwer bereute. – Zwei Minuten und 29 Sekunden nachdem der Schiedsrichter zur 6. Runde gerufen hatte, hob der schon schwer angeschlagene Lee Savold die Arme hoch, um seine Deckung aufzubauen, aber zu spät. Zwei Aufwärtshaken, eine kurze Linke direkt aufs Kinn, und Savold landete auf dem Boden des Rings, wo ihn der Schiedsrichter auszählte. Der Kampf war ein sensationelles Comeback des ehemaligen Box-Weltmeisters. Als ich die Aufnahme von dem – nach

dem K.O.-Schlag von Louis – zu Boden taumelnden Savold machte, bekam ich einige Blutspritzer ab. Mein Foto erschien am folgenden Tag in der New York Times, diesmal sogar mit Namensangabe: „by Henry Ries". Umso enttäuschender war das „Nachspiel": Als am Jahresende exakt die gleiche Szene aus dem Boxkampf zum „Best Photo of the Year" gekürt wurde, handelte es sich nicht um meine, sondern um eine Aufnahme von „Associated Press". Anders als AP hatte sich die New York Times offenbar an dem Wettbewerb nicht beteiligt.

My first day in school

Keine Sorge! Ich fange nicht wieder von vorne an, sondern zitiere aus meinem Tagebüchlein vom 18. Juni 1951: „8 - 10 pm First class in ‚Nonfiction Writing'.“ Als Armee-Veteran konnte ich dank der großzügigen „G.I. Bill of Rights“ ein Jahr kostenlos an jeder amerikanischen Universität studieren und jeden Kurs belegen. Meine Wahl war die „New School for Social Research“ in Manhattan. Um die unverhoffte Chance wahrnehmen zu können, nahm ich ein Jahr unbezahlten Urlaub.

Wie ein hungriges Kind schluckte ich an der „New School“ alles von „Religion“ und „Rise of Modern Capitalism“ bis „German Sociology“; von „Social Theory of Revolution“ bis Montaigne, Proust und Yeats; von „Economic Theory through the Ages“ bis „British and American Poetry“ – eben alles, was man zur Nazizeit auf dem Schiller-Realgymnasium nicht einmal beschnuppern durfte. Wie so oft in meinem Leben hatte ich wieder einmal Glück: Diesmal war es ein Lehrer, der bei seinen Studenten Verständnis und Begeisterung für das gewaltige Werk des „Ulysses“ wecken konnte. Man musste nicht alle zweitausendneunhundert Worte gelesen haben, um Joyce'sche Sprachmelodie und Humor zu entdecken.

Zweimal in der Woche öffnete Professor Troy mein Ohr und Herz für die Musikalität in den Worten von James Joyce und Gerard Manley Hopkins. Nach zwei Unterrichtsstunden in der Uni setzten der Professor und ich unsere Gespräche bei billigem Bier in einer nahen Kneipe fort. Manchmal begann unsere Unterhaltung mit Versen von G. M. Hopkins, der den „divine genius“ Henry Purcell verehrte. Häufig zitierte Troy auch aus dem Roman von James Joyce „A Portrait of the Artist as a Young Man“, der in Kindersprache beginnt: „Once upon a time ... there was a moocow coming down along the road and this moocow that was coming down along the road met a nicens little boy named baby tuckoo ...“ Oder wir bedienten uns Joyce'scher Wortspiele, wenn wir über die Darstellung kindlicher Begeisterung sprachen: „Pull out the eyes, apologize.“

Die Verse von Gerard Manley Hopkins bewegen mich heute noch:

> HAVE FAIR FALLEN, O FAIR, FAIR HAVE FALLEN,
>   SO DEAR
> TO ME, SO ARCH-ESPECIAL A SPIRIT AS HEAVES
>   IN HENRY PURCELL,
> AN AGE IS NOW SINCE PASSED, SINCE PARTED;
>   WITH THE REVERSAL
> OF THE OUTWARD SENTENCE LOW LAYS HIM,
>   LISTED TO A HERESY, HERE.

Mein wunderbares Jahr der Freiheit ging leider viel zu schnell zu Ende. Ich wäre gerne noch geblieben, wenigstens für ein paar Jahre, um alles das nachzuholen, was mir durch den vorzeitigen Schulabgang entgangen war.

Abschied von der New York Times

Von Januar 1953 bis Dezember 1954 war ich „Kapellmeister" im unmusikalischen Fotostudio der New York Times auf der 9. Etage. Wenn es dort zu langweilig wurde, fuhr ich mit dem Fahrstuhl eine Etage tiefer, wo die Times-Radiostation WQXR, wie auch heute noch, klassische Musik ausstrahlt. Mein fotografischer Bereich war „Fashion and Food" für das Sonntagsmagazin. Weder das eine noch das andere interessierte mich. Was mir aber Spaß und Freude machte, weil ich Witz und Verstand einsetzen konnte, waren meine Fotos für eine Werbekampagne der N.Y. Times: „smart people keep up with the times", die mir eine Auszeichnung für die besten Reklame-Ideen des Jahres einbrachten.

Wie während meiner Zeit in Europa war Bruce Rae weiterhin Leiter der gesamten fotografischen Abteilung. Aber ob ich in Berlin oder Paris arbeitete oder in New York war ihm relativ gleichgültig, denn eigentlich wollte er von Fotografie nichts sehen oder hören. Mitten am Nachmittag kam Rae eines Tages in mein Studio und schaute auf seine Uhr. Dann schaute er auf mich. „Wissen Sie, wieviel Uhr es ist?" „Fünfzehn Minuten nach fünf." „Wir schließen um fünf!" „Ich bin mitten in der Arbeit an der Blitzlichtanlage." „Wir schließen um fünf!" – Ich nahm diese etwas merkwürdige Begegnung zum Anlass, um meine Auffassung von der Arbeit im Fotostudio sowie Vorschläge für überfällige Reformen in einem „Memo" an den Leiter der fotografischen Abteilung schriftlich darzulegen. Ansonsten war ich in den nächsten Monaten bei meiner Arbeit schweigsamer als sonst. Neben den Beiträgen für das Sonntags-

magazin waren auch kommerzielle Fotoaufträge von außen zu erledigen. Die meisten Kunden kamen zum Times-Studio lediglich „to get the assignment done cheap and fast." Entsprechend niedrig waren die Ansprüche und das Ansehen des Times-Studios in Fachkreisen. Als sich nach mehreren Monaten keinerlei Veränderungen abzeichneten und inzwischen mein Entschluss feststand, die Times zum Jahresende zu verlassen, schrieb ich dem Vizepräsidenten der New York Times Orvil E. Dryfoos einen drei Seiten langen Brief, in dem ich noch einmal die Probleme des Fotostudios schilderte und die aus meiner Sicht dringlichsten Reformen im Einzelnen erläuterte. Der Brief ließ an Deutlichkeit nichts zu wünschen übrig: „Mit meinem Memo an Mr. Bruce Rae versuchte ich, eine Evolution im Studio auszulösen, aber nur eine Revolution könnte die Situation in der fotografischen Abteilung noch retten. ..." Ich beendete den Brief mit den Worten: „In der Hoffnung, dass meine Vorschläge als ein kleiner Beitrag zur Lösung eines großen Dilemmas verstanden werden, kann ich nur noch hinzufügen, dass ich stolz darauf bin, für die New York Times gearbeitet zu haben."

Eine Woche später rief mich Arthur Hays Sulzberger, seit 1935 Verleger der Times, zu Hause an. Er hatte meinen Brief an Dryfoos gelesen und bat mich, ihn so bald wie möglich zu besuchen. Unser Gespräch war kurz aber sehr freundlich. Verleger: „Warum haben Sie mich nicht früher informiert?" Meine ehrliche und direkte Antwort: „Weil die Times fast so wie die Armee funktioniert. Sie sind der General, ich der kleine

Lieutenant. Ich kann nur meinen vorgesetzten Captain informieren, was ich dreimal versucht habe."

Obwohl mir Sulzberger die Leitung der gesamten Fotoabteilung anbot, blieb ich bei meinem Entschluss, mich von der Times zu verabschieden. Kurz nach meinem Ausscheiden wurden fast alle meine Reformvorschläge umgesetzt. Das sogenannte Fotostudio wurde ein echtes Fotostudio für qualitativ hochwertige Arbeiten. Der Leiter der Fotoabteilung musste genauso viel von Fotografie verstehen wie ein professioneller Fotograf. Die Laboranten sollten nicht nur Chemikalien mischen können, sondern auch das Entwickeln und Vergrößern beherrschen. Auftragsarbeiten von außen wurden nicht mehr angenommen. Die Fotografen wurden unter ihrem Foto in der Times namentlich genannt – generell und nicht nur gelegentlich.

In den nächsten vierzig Jahren betrieb ich in der Mitte von Manhattan mein eigenes Studio für Werbefotografie und verdiente bald an einem Tag so viel wie bei der New York Times in einem Monat. Im Unterschied zu „to take pictures" spezialisierte ich mich zunehmend darauf, „to make pictures". Das heißt, statt „Knipsen" kreierte ich fast ausschließlich „Heliographs" und „Helioptix" – fotografische Kompositionen aus Lichtkontrasten, Farben, Linien und geometrischen Formen, mit denen ich mich von den Fesseln vorgegebener Ereignisse und Situationen befreite und die Fotografie von der reinen Wiedergabefunktion zur Schaffung eigener, von gegebenen Bedingungen völlig unabhängiger Bilder zu führen versuchte. „Helioptix" sind also Versuche, aus dem Beobachter von

young men
going places
keep up with
the times*

*The New York Times
...of course

it's smart to keep
up with
the times*

*The New York Times,
of course

sports fans keep up with the times*

*The New York Times
...of course

clever
homemakers
keep up with
the times

*The New York Times, of course

Arthur O. Sulzberger New York 1950

Resultaten zu kommen? Die naheliegende Antwort ist natürlich, weil ich Fotograf bin. Aber etwas anderes scheint mir noch wichtiger zu sein: Die unbegrenzten Möglichkeiten der „Alchimie" von Licht, Linse und Film führen zu Resultaten, die man kaum auf andere Art erreichen kann. Die feinsten Nuancierungen etwa von schwarz zu weiß mit allen Zwischentönen; das Entstehen neuer, dritter Farben, wenn zwei verschiedene Farben aufeinander belichtet werden; das Wechselspiel zwischen hart-scharfen und fein-sanften Linien – dies und vieles andere kann man unter voller Ausnutzung der optischen Möglichkeiten schaffen.

Meine „Helioptix" waren nicht nur bei den Kunden sehr gefragt, sondern wurden auch in mehreren Einzelausstellungen in New York und Berlin gezeigt. Wieder einmal hatte ich Glück – das Glück, an meiner Arbeit große Freude zu finden.

Ereignissen durch sein Objektiv einen Urheber eigener, subjektiver Ideen innerhalb der Fotografie zu machen. Nachdem die Idee oder das Design skizziert ist – das Verhältnis verschiedener Linien zu- und untereinander, die Farben oder auch Kontraste von schwarz zu weiß, die geometrischen Formen usw. –, wird das Endresultat durch sorgsam kontrollierte Veränderungen der Distanz zwischen Licht und Linse erreicht und als Harmonie und Perspektive auf Film festgehalten.

Tempo und Rhythmus der Aufnahme spielen hier eine entscheidende Rolle, ebenso Belichtungslänge, Tiefenschärfe und alle die verschiedenen Varianten, die das Geschick und Können des Fotografen und die technischen Möglichkeiten seines Geräts erlauben.

Ich bin häufig gefragt worden, warum denn ausgerechnet Fotografie, um zu diesen

Ausstellung meiner Helioptix im Fotozentrum Berlin 1976

Seite 192-199:
Beispiele aus meinen Helioptix-Arbeiten

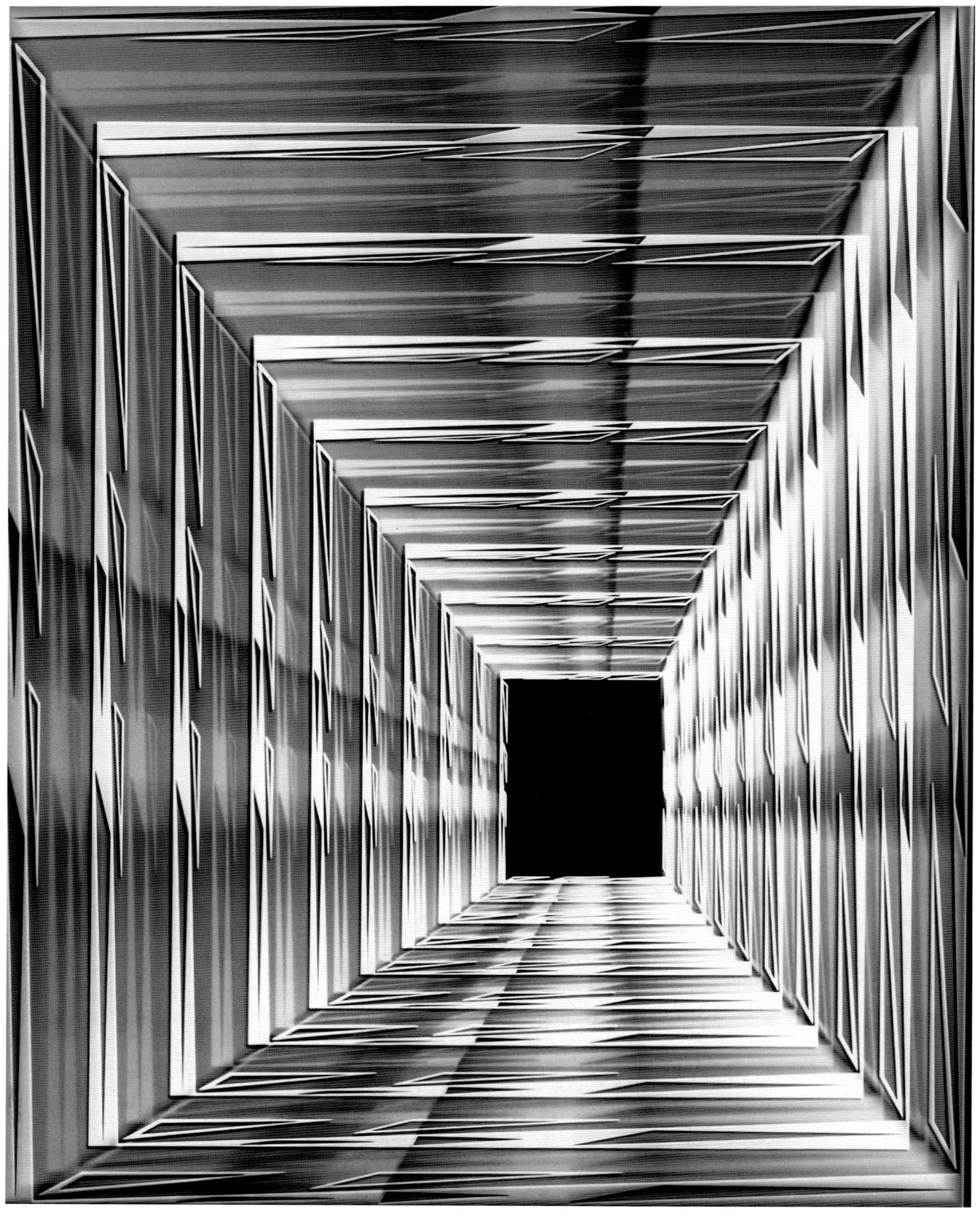

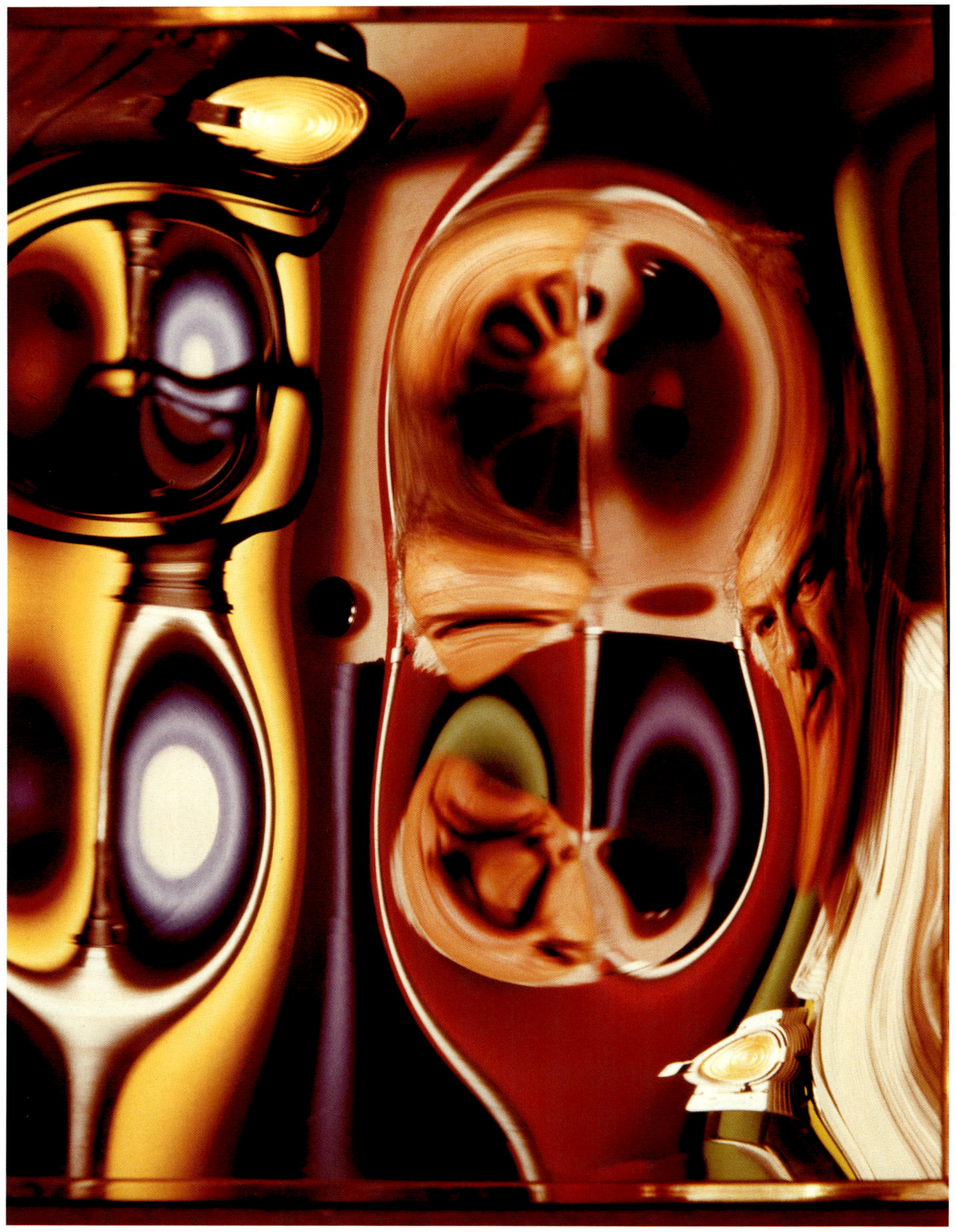

Freedom To Take Liberty

Die Mauer

In der Nacht vom 12. zum 13. August 1961 – zwei Monate nachdem der SED-Chef Walter Ulbricht verkündet hatte: „Niemand hat die Absicht, eine Mauer zu bauen" – wurde sie gebaut. Als der monströse Bau mitten durch Berlin und um West-Berlin herum fertig war, umfasste er 165,7 km Länge, 258 Wachtürme, 136 Bunker, 271 Laufgänge für Polizeihunde und unzählige Minen und Selbstschussanlagen. Angeblich als Bollwerk gegen die „Provokationen" des Westens errichtet, war es in erster Linie eine Mauer gegen die eigene Bevölkerung, die dem Land in Scharen davonlief. Von den mehr als vier Millionen Ostdeutschen, die seit 1949 nach Westdeutschland geflohen waren, waren über eineinhalb Millionen einfach über die damals noch nicht abgeriegelte Sektorengrenze von Ost- nach West-Berlin spaziert. Damit war Schluß seit 1961, aber die wirklichen Probleme wurden dadurch nicht beseitigt, im Gegenteil.

Als ich in den 70er Jahren zum ersten Mal wieder nach Berlin kam, wirkte die Mauer auf mich wie eine absurde, kafkaeske Realität von Furcht, Rivalität und Notwendigkeit. Die West-Berliner, die ich damals befragte, nahmen dagegen die Mauer kaum noch wahr – man lebte zu nahe und man hatte sich an sie gewöhnt. Dennoch waren sie keineswegs gleichgültig. Viele sahen die entstandene Narbe, einige waren sich bewusst, dass die Mauer zwei Seiten hatte, wenige glaubten, dass sie in naher Zukunft wieder verschwinden würde. Besonders die ältere Generation akzeptierte, was sie glaubte, nicht mehr ändern zu können. Aber die jungen Menschen versuchen zu ändern, was sie nicht mehr akzeptieren wollen. Ich war schon damals überzeugt: „So sicher wie die Deutschen die Mauer bauten, so sicher werden die Deutschen sie wieder einreißen." (Aus „Bei Sonnenaufgang fällt der Schatten der Mauer auf den ganzen Westen", in: Henry Ries, Berliner Galerie, Ullstein-Verlag 1981) In der Nacht vom 9. November 1989 war es soweit, als junge Leute die Mauer vom Westen aus erkletterten und die Menschen zu Tausenden von Ost- nach West-Berlin strömten.

Die Berliner selbst haben es in all den schwierigen Jahren immer verstanden, ihre stets mehr oder weniger prekäre Situation zu bewältigen. Witz und Galgenhumor sind ihnen dabei oft hilfreich gewesen. Und jeder Berliner war sich bewusst, ganz egal wie schwer man rackerte, wie stark der Wille zur Freiheit und wie sehr man auf Unabhängigkeit bedacht war, ohne moralische, politische und ökonomische Unterstützung vom Westen konnte man es nicht schaffen. Zum Schluss kam sogar die Gegenseite zu Hilfe, indem sie einfach nichts tat und die russischen Soldaten in den Kasernen beließ. Auf sich allein gestellt, blieb den Machthabern in Ost-Berlin nichts anderes übrig, als vor der Bevölkerung zu kapitulieren.

Mitten in Berlin 1976

Sie sind mit der Mauer aufgewachsen.

Selbstportrait an der Berliner Mauer 1976

Wanda schaut auf „Das Leben des Berliners".

Einbahngleise in den Tod

206

Auf der Suche nach Omuttis Asche

Meine Spurensuche begann am 25. Mai 1999 in Berlin, Bahnstation Grunewald. Immer wieder hatte ich Omuttis Schicksal erforschen wollen, aber erst 55 Jahre nach ihrem Tod fühlte ich mich innerlich dazu bereit. Ich fragte den Bahnhofsbeamten, auf welchem Gleis die Deutschen ihre Juden nach Auschwitz und Theresienstadt „verfrachtet" hatten. „Keene Ahnung." Am Aufgang zu Gleis 17 entdeckte ich eine Tafel, von der er vielleicht nichts gewusst hatte?

„Zum Gedenken an Zehntausende jüdischer Bürger Berlins, die ab Oktober 1941 bis Februar 1945 von hier aus durch die Nazi-Henker in die Todeslager deportiert und ermordet wurden".

Neben den Gleisen fand ich unter Hunderten von eingeschmiedeten Daten, das Datum, nach dem ich gesucht hatte:
„17.7.1942 / 99 Juden / Berlin – Theresienstadt"

Es war der Tag, an dem Omutti und ihre älteste Tochter, meine Tante Hedi, „verfrachtet" wurden. Was mögen Omutti und Tante Hedi beim Abtransport und in den Monaten und Wochen davor erlebt und empfunden haben? Es gab seit Herbst 1941 Gerüchte von Transporten, und die Angst vor der Aufforderung zur „Evakuierung" (noch so ein harmlos klingendes Tarnwort der Nazis) ging um.

„Die Kleidung wurde mit großer Sorgfalt ausgesucht, die Packen standen für die Reise bereit, aber sie haben uns noch ein Jahr in der Wohnung gelassen. Aber gefreut hat uns das nicht, wir kamen uns verlassen und verlassend vor. Auf der Straße wagte niemand, uns zu grüßen, nur dann und wann kamen mutige Freunde, die uns Sachen brachten, die wir selbst nicht auftreiben konnten. In der ganzen Nachbarschaft wussten sie von unserer baldigen Abreise, man fragte uns, ob wir nichts zu verkaufen hätten, Tafeltücher, Möbel usw. Bei jedem Klopfen an der Tür waren wir vor Angst wie gelähmt, wer da wohl kommt. Wir waren so niedergeschlagen und haben uns gesagt: egal, was kommt – wir müssen verschwinden. Und da kam der Befehl zur Evakuierung nach Theresienstadt. Von Theresienstadt wurde als einem Ort berichtet, in dem es Sanatorien und Altersheime gibt, dass es ein Ort sei, dessen sich Deutschland rühmen könne. Auch wenn wir nicht alles glaubten, hofften und erwarteten wir, dass die Situation in Theresienstadt erträglich sein würde. Trotzdem sind wir schweren Herzens in den Lastwagen gestiegen, der auf uns wartete."
(Käthe Breslauer, geboren 1869 in Berlin, Überlebende von Theresienstadt)

Was hatte Omutti von Theresienstadt gewusst und hatte sie den Lügen der Nazis vom sicheren Zuhause für ältere deutsche Juden in „Theresienbad" geglaubt? Um die Menschen und die Weltöffentlichkeit über das wahre Schicksal der Juden zu täuschen, lief die Nazi-Propaganda auf Hochtouren: „Der Führer schenkt den Juden eine Stadt". Einer Delegation des Internationalen Roten Kreuzes wurde Theresienstadt als „Paradiesghetto" vorgeführt. Zu diesem Zweck war die Festungsstadt als potemkinsches Dorf herausgeputzt worden. Der erste Schritt zur „Stadtverschönerung" war die Deportation von mehreren Tausend Alten und Kranken in ein Vernichtungslager, denn mit einer überfüllten Stadt und halbverhungerten Gestalten hätte das aufwendige Täuschungsmanöver kaum gelingen können. Tatsächlich hatte die gewaltige Propaganda-Aktion am Ende ihren Zweck erfüllt: Die Vertreter des Roten Kreuzes ließen sich von den Nazis großartig an der Nase herumführen.

Nach fünfstündiger Fahrt durch das herrliche Elbsandsteingebirge erreichte ich am nächsten Tag die kleine, einsam gelegene Bahnstation Bauschowitz (Bohusovice) in Böhmen. Von hier aus mussten die ankommenden Juden die restlichen drei Kilometer nach Theresienstadt zu Fuß gehen – für Omutti mit ihren 78 Jahren ein beschwerlicher Marsch, und natürlich gab es weit und breit keine Gepäckträger, die die „Kurgäste" in Empfang genommen hätten. Alles, was sie aus Berlin mitgebracht hatten, mussten die alten Leute selbst schleppen. Erst später ist die Eisenbahnstrecke von streng bewachten Häftlingen bis nach Theresienstadt ausgebaut worden. Die Bewohner der umliegenden Dörfer sollten möglichst wenig von den Transporten mitbekommen. Daher ließ der Lagerkommandant ein Anschlussgleis bis zum Eingang der Festung legen. – Was immer Omutti vor ihrem Abtransport aus Berlin von den Versprechungen der Nazis gehalten hat, hier, auf diesem Fußmarsch nach Theresienstadt, müssen sie und Tante Hedi den ersten Schock erlebt haben.

„Zuerst bei Regen und Sturm 3 km nach dem Ort von der Bahn gehen mit Handgepäck nach langer ermüdender Fahrt! Warum habe ich das Veronal nicht früher genommen, war mein einziger Gedanke und Bedauern."
(Elsbeth Argutinsky, Überlebende)

Die Selbstmordrate unter Juden in Deutschland war schon in den ersten Jahren der Verfolgung seit der Machtergreifung Hitlers drastisch angestiegen. Mit dem Beginn der Transporte im Oktober 1941

Geheime Staatspolizei

Geheimes Staatspolizeiamt

II A 5 Nr. 1134/41 - 212 -

Verfügung

Auf Grund des § 1 des Gesetzes über die Einziehung kommunistischen Vermögens vom 26. Mai 1933 — RGBl. I S. 293 — in Verbindung mit dem Gesetz über die Einziehung volks- und staatsfeindlichen Vermögens vom 14. Juli 1933 — RGBl. I S. 479 —, der Preußischen Durchführungsverordnung vom 31. Mai 1933 — GS. S. 207 —, der Verordnung über die Einziehung volks- und staatsfeindlichen Vermögens im Lande Österreich vom 18. 11. 1938 — RGBl. I S. 1620 —, der Verordnung über die Einziehung volks- und staatsfeindlichen Vermögens in den sudetendeutschen Gebieten vom 12. 5. 1939 — RGBl. I S. 911 — und der Verordnung über die Einziehung von Vermögen im Protektorat Böhmen und Mähren vom 4. Oktober 1939 — RGBl. I S. 1998 — wird in Verbindung mit dem Erlaß des Führers und Reichskanzlers über die Verwertung des eingezogenen Vermögens von Reichsfeinden vom 29. Mai 1941 — RGBl. I S. 303 —

das gesamte Vermögen ~~des~~ — der — Hilde Sara

Wiener   , geboren am   23. 7. 64

geborene

in   Hamburg

zuletzt wohnhaft in Berlin   Chlbg.   IM JUDENHAUS

Sybelstr. 66

zugunsten des Deutschen Reiches eingezogen.

Golinski, Hedwig geb. Wiener
geboren am 26.02.88* in Hamburg
Adresse v. Dep./Emigr.: Charlottenburg, Sybelstr. 66 bei; seit wann: Wiener,
01.04.39
Adresse Volkszählung 1939: Charlottenburg, Sybelstr. 66 bei Wiener,
Angaben zur Deportation: 24. Alterstransport vom 17.07.42, Theresienstadt
Sterbeort: Auschwitz
Schicksal: verschollen
Geschlecht: w
Staatsangehörigkeit: d
Zwangsarbeit als Außenfürsorgerin
Arbeitgeber: JKV
Wochenlohn: unbesoldet
Datum d. Vermögenserklär.: 08.07.42
Sammellager: Große Hamburger Str. 26

Wiener, Hilde geb. Kallmes
geboren am 23.07.64* in Hamburg
Adresse v. Dep./Emigr.: Charlottenburg, Sybelstr. 66
Adresse Volkszählung 1939: Charlottenburg, Sybelstr. 66
Angaben zur Deportation: 24. Alterstransport vom 17.07.42, Theresienstadt
Sterbedatum: 00.07.44
Sterbeort: Theresienstadt
Geschlecht: w
Staatsangehörigkeit: d
Familienstand: w
(Fach-)Hochschulabschluß: J
Datum d. Vermögenserklär.: 08.07.42
Sammellager: Große Hamburger Str. 26
Quellen: Bundesarchiv Koblenz, Gedenkbuch; Bundesarchiv, Abt. P
RSA; LAB, Akten des OFP

erhöhte sich die Zahl der Selbstmorde noch und nahm jedes Mal weiter zu, wenn ein Transport abging oder sich Gerüchte über einen baldigen Abtransport verbreiteten. Hatte Omutti daran gedacht, sich das Leben zu nehmen, als die Aufforderung zur „Evakuierung" kam? Sich für das Leben zu entscheiden, hieß für Juden im damaligen Deutschland, einer unbekannten Zukunft entgegenzugehen und – nach allen Erfahrungen mit den Nazis – mit der Angst zu leben, dass es noch schlimmer werden könnte. Aber hat sich je einer vorstellen können, wie schlimm es wirklich wurde?

Heute ist Theresienstadt ein kleiner, sauberer Ort mit der Kirche in der Mitte und hübschen Läden, in denen man Coca Cola, Marlboro und sogar Porno-Magazine kaufen kann. In einem jüdischen Restaurant wird Besuchern aus aller Welt koscheres Essen serviert. Danach fotografiert man sich gegenseitig vor dem idyllischen Hintergrund und geht vielleicht am Abend zu der „Mega House Party", die ich dort auf einem Plakat angekündigt fand. Irgendwie erschien mir alles unwirklich, „fiction", wie in einem Film. Alles quälte mich. Am liebsten wäre ich so schnell wie möglich wieder abgereist. Aber ich wollte, ich musste meinen langgehegten Plan erfüllen. Ich war schließlich freiwillig dorthin gekommen!

Am folgenden Tag machte mich Marion Schmidt – eine engagierte Journalistin, die diese Reise organisiert hatte – mit Doris bekannt. Doris war als junges Mädchen mit ihrer Familie von Brünn nach Theresienstadt deportiert worden. Von den 139 654 Menschen, die zwischen 1941 und 1945 nach Theresienstadt verschleppt wurden, sind 17 472 befreit worden. Doris war eine von ihnen. Bei ihrer Befreiung war sie 12

Jahre alt und eine Waise. Heute lebt Doris in Prag. In Theresienstadt war sie meine Dolmetscherin und Zeitzeugin.

„Immer noch fällt es mir schwer nach Theresienstadt zu kommen. Als junges Mädchen musste ich um mein Überleben kämpfen. Meine Mutter ist in Theresienstadt, mein Vater in Auschwitz umgekommen. Meine Großmutter war bereits wenige Tage nach ihrer Ankunft gestorben. Sie konnte den sogenannten Einlieferungsschock nicht überwinden. Damit ist die Konfrontation mit den Lebensbedingungen im Ghetto gemeint. Die Häuser und Straßen waren vollgestopft mit kranken und hungernden Menschen. Das knappe Brot wurde auf Leichenwagen transportiert. Meist war es auch noch verschimmelt. Vor allem die alten Leute haben den halbverfaulten Fraß nicht vertragen können. Die Umstände waren schrecklich. Trotz allem hatte ich Glück. Ich hütete Schafe. Das gab mir frische Luft." (Doris)

Doris half uns, einige Spuren von Omutti und Tante Hedi zu finden. Sie begleitete uns durch das Museum und die Archive. Ihre Erinnerungen wurden eine Brücke in die schwer vorstellbare Vergangenheit. Für mich war sie die wichtigste Begegnung an diesem heute so niedlichen Platz mit grausiger Vergangenheit. Vor allem bewunderte ich ihren Humor, den sie sich trotz ihres schweren Schicksals bewahrt hat.

Ich versuchte mir vorzustellen, wie Omutti und Tante Hedi die ersten Wochen in Theresienstadt erlebt haben. Wie die Großmutter von Doris waren viele Neuankömmlinge wie vom Schock gelähmt und starben schon in den ersten Tagen und Wochen.

„Nach meiner Erinnerung starben in den ersten 4 - 5 Wochen ca. 20 Menschen, also ein Drittel der neuen Belegschaft. Es handelte sich dabei vor allem um alte Leute, die schon allein durch die Schockwirkung entkräftet und verzweifelt waren und oft ohne eigentliche Erkrankung dem Tod verfielen. Sie erloschen einfach."
(Käthe Mende aus Berlin, 65 Jahre, Überlebende)

„Einmal wurde eine Frau mittleren Alters eingeliefert, die jede Nahrung ablehnte, weil sie nicht leben wollte. Wie man sich auch um die Kranke bemühte, sie von ihrem Entschluss abzubringen, blieb doch alles erfolglos. Nach acht Tagen ist diese Frau verhungert; sie hatte wirklich nichts zu sich genommen."
(Else Dormitzer, geboren 1877 in Berlin, Überlebende)

„Täglich starben in diesem Zimmer fünf bis sechs Menschen, die meisten an schweren Durchfällen. Einige Selbstmörder, deren Nerven die Zustände nicht ertragen konnten, versuchten wir nicht mehr ins Leben zurückzurufen. Viele haben ihrem Leben durch Herabstürzen von den Balustraden und von den Bodenfenstern aus freiwillig ein Ende gesetzt. Grausig sahen die Herabgestürzten aus, alle Knochen waren gebrochen. Man war damals schon so hart, dass man ohne Bedauern, ja fast mit Neid den Mut der Menschen bewunderte, die sich zu diesem Schritt entschlossen hatten." (Resi Weglein aus Ulm, 48 Jahre, arbeitete von 1942 bis zur Befreiung als Fürsorgerin im Krankenhaus des Ghettos.)

Die Neuankömmlinge wurden in die „Schleuse" gebracht, wo ihnen bei der Untersuchung häufig die letzten Habseligkeiten abgenommen wurden, auch lebenswichtige Medikamente. Danach wurden sie

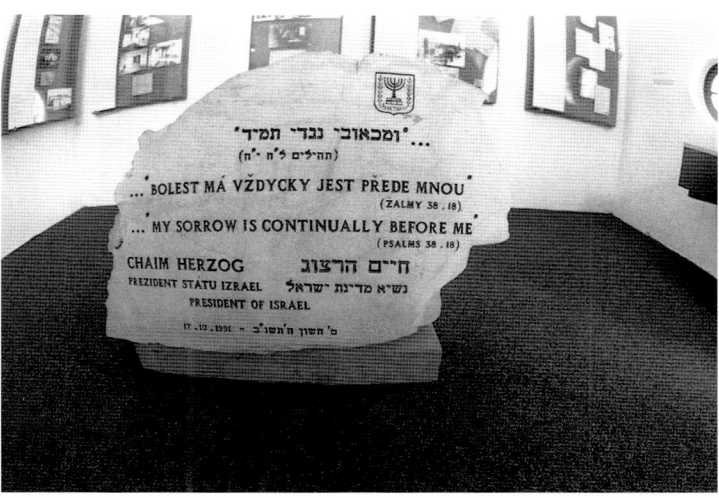

oben: **Eingänge zur Festung Theresienstadt**
unten: **Museum Theresienstadt**

zu den erbärmlichen Unterkünften geführt. Als Schlafstätten dienten dreigeschossige Bretterpritschen. In allen Räumen und in den Schränken gab es Wanzen und Flöhe. Die Latrinen waren in einem katastrophalen Zustand. Ich erfuhr, dass Theresienstadt vor dem Krieg ungefähr 7 000 Einwohner hatte, einschließlich der Soldaten, die in der Garnison stationiert waren. Nachdem die Nazis das Städtchen zum Juden-Ghetto gemacht hatten (die ehemaligen Einwohner hatten ihre Häuser und Wohnungen verlassen müssen und waren in die umliegenden Dörfer „umgesiedelt" worden), wurden 30 000 bis 40 000 Menschen in die Häuser und Kasernen gepfercht und auf dem Höhepunkt der Überbevölkerung im September 1942 – gerade zwei Monate, nachdem Omutti und Tante Hedi in Theresienstadt angekommen waren – sogar 54 000! Überlebende haben die Zeit von September 1942 bis März 1943 als die schlimmste bezeichnet. Die ganze Stadt war vollgestopft von den Kellern bis zu den Dachböden. Damals starben täglich zwischen 120 und 130 Menschen. Im Herbst 1942 wurde auch das neu gebaute Krematorium in Betrieb genommen.

Aber wo hatten in dieser Hölle Omutti und Tante Hedi „gewohnt"? Ich wollte es genau wissen. Marion hatte eine Spur in den im Archiv „Beit Theresienstadt" (Israel) aufbewahrten Tagebuch-Notizen von Dr. Karel Fleischmann, Arzt, Maler und Mitglied der Leitung des Gesundheitswesens im Ghetto, entdeckt, worin er einen Brief meiner Großmutter und in diesem Zusammenhang die Adresse erwähnt:

„Zwischen Tür und Angel übergibt mir ein Bote einen Eilbrief, den ich aufmache und lese. Es schreibt Frau Hilda Wiener, wohnhaft in E 225, vom Transport I / 25."

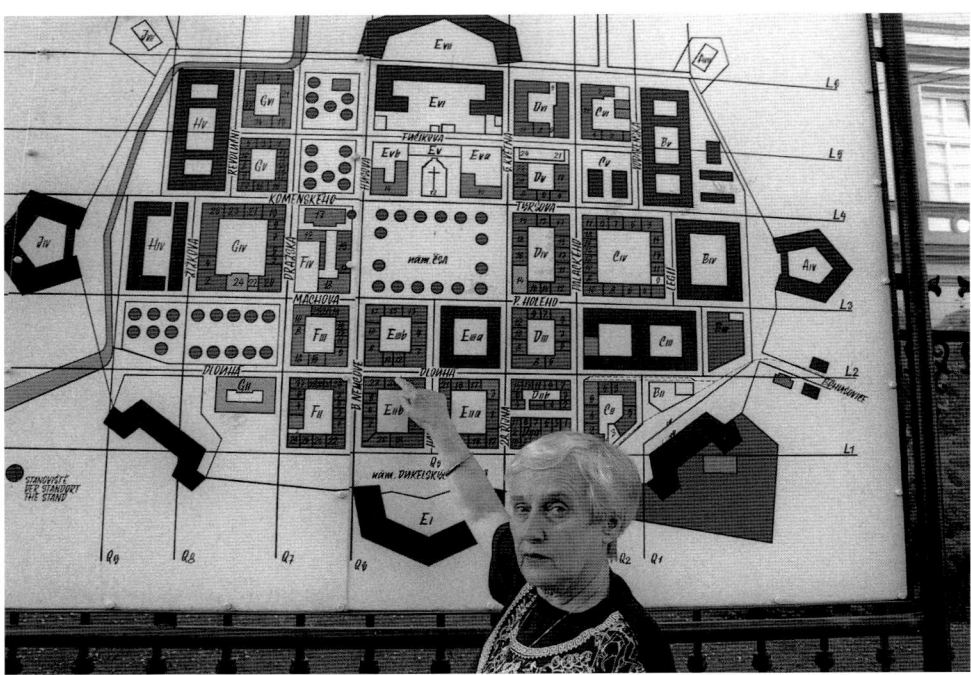

Doris vor dem Lageplan

Am 28. Mai führte Doris uns zu dem Haus – auf dem Lageplan ist es die Nr. Enb 225 – und dort auf einen Dachboden, wo ich es wegen der unglaublichen Hitze nur wenige Minuten aushalten konnte. Die Luft war zum Schneiden. Und unter diesem nicht isolierten Dach hatte Omutti die mörderische Hitze im Sommer und die bittere böhmische Kälte in den Wintermonaten zwei Jahre lang ertragen müssen! Die Lebensverhältnisse auf diesem Dachboden müssen unmenschlich gewesen sein: In jedem Winkel, unter jeder Schräge, standen Pritschen. Als Kopfkissen dienten die letzten Habseligkeiten. Laut Dokumenten ist Omutti hier an ihrem 80sten Geburtstag in den Armen ihrer Tochter gestorben. – Wenn ich heute diese entsetzliche Vergangenheit beschreibe, frage ich mich, ob Tante Hedi, die in dem Haus als Krankenschwester eingesetzt war, ihrer Mutter half, diese Unmenschlichkeit menschlich zu beenden. Sie selbst wurde drei Monate später nach Auschwitz deportiert. Dort blieb niemand lange am Leben.

Wir begegnen der jetzigen Bewohnerin des Hauses, Frau Cerna, die uns eine Überraschung ankündigt. Wir sollen ihr über den Hinterhof zu einem kleinen Tor folgen. Auf dem Weg erzählt sie – Doris übersetzt: „Dieses Häuschen hat meinem Großvater als Sarglager gedient; er hatte ein kleines Bestattungsgeschäft. Nach dem Krieg war hier nichts als Gerümpel. Vor einigen Jahren haben wir den ganzen Schuppen ausgeräumt. Dabei sind an den Wänden Ornamente, Zeichnungen und hebräische Inschriften zum Vorschein gekommen, die offensichtlich aus der Ghettozeit stammen. Es muss eine Synagoge gewesen sein, die die Ghetto-Bewohner hier heimlich eingerichtet haben."

Hebräische Inschriften und der Davidstern sind noch klar erkennbar. Die Nazis haben von diesem „Raum der Stille" im Hinterhof des Hauses, in dem Omutti und Tante Hedi wohnten, vermutlich nichts gewusst. Und sogar die meisten heutigen Bewohner von Theresienstadt wissen nicht, wie Frau Cerna hinzufügte, dass es diesen Ort gibt.

oben:
Wandbemalung in der kleinen Synagoge

Schlafpritschen mit Gepäck der Verschleppten

Marion fragte mich, ob ich mir vorstellen könnte, dass meine Großmutter und Tante in diese Betstube gegangen sind. Meine Antwort: „Seit ich in Theresienstadt bin, halte ich nichts mehr für ausgeschlossen. Es wäre eigentlich gegen alles, was ich von Omutti kenne. Aber wenn man hier lebte oder vielmehr gerade noch existierte, dann bekam man zu vielem wahrscheinlich eine andere Einstellung. Und für manche war es vielleicht einfach nur ein geschützter Ort, an dem man seinen Erinnerungen an das frühere, normale Leben nachhängen konnte." Leider ist der kleine Raum auf dem Hinterhof heute eine Art Sehenswürdigkeit für Touristen geworden.

Lunchtime. Wir sind müde vom vielen Herumlaufen. Außerdem ist es drückend heiß. Wir lassen uns in einem netten Lokal nieder. Die Essensportionen sind riesig, ich kann nur die Hälfte schaffen. Auch Doris kämpft mit ihrem überladenen Teller. Trotzdem schluckt sie alles bis auf den letzten Krümel hinunter. „Nach all dem Hunger, den wir hier gelitten haben, kann ich nie etwas zurücklassen."

„Im Hof wurde gerade Kaffee ausgegeben. Ein großes schmutziges Fass enthielt die wie Jauche schmeckende Flüssigkeit, und ein Mann verteilte an jede Person, die eine Essenskarte vorzeigen konnte, einen Viertelliter dieses Getränks. Eine lange Schlange von Menschen hatte sich angestellt, meist Neuankömmlinge, so dass man schon sehr froh war, bekannte Gesichter zu sehen.

Um 11 Uhr gab es Mittagsbrot, bestehend aus einer Wassersuppe ohne Inhalt, 200 Gramm schwarzen Kartoffeln und einem Zehntelliter undefinierbarer Tunke. Da wir noch einen kleinen Vorrat an Brot und Wurst hatten,

Teil der alten Festungsmauer

verzichteten wir in den ersten Tagen auf das frugale Mahl. Später haben wir alles genommen und sind alle krank geworden. Mutter und ich mussten zum Essenfassen auf den Dachboden gehen. Dort war ein solches Gedränge, und das dauerte nahezu zwei Stunden, ehe man das bisschen Fraß bekam, so dass ich bald zusah, dass meine Essenskarte zum Fassen im Parterre berechtigte.

Jeden vierten Tag musste Brot gefasst werden, jeden Freitag 50 g Zucker und dreimal in der Woche je 20 g Margarine. ... Was zu schwer war, getragen zu werden, wurde ... uns ... auf ehemaligen Leichenwagen zugeführt, die anscheinend in der ganzen Tschechoslowakei zu diesem Zweck gesammelt worden waren. Man entsetzte sich und war schließlich doch froh, sein Quantum auch aus dem Leichenwagen zu bekommen. Meist war das Brot verschimmelt, aber wir Jüngeren haben es doch gegessen; leider haben es die meisten alten Menschen nicht gut vertragen." (Resi Weglein)

Marion zeigt mir den Brief, den Omutti an Dr. Karel Fleischmann geschrieben hatte: „Am 26. Februar hat meine Tochter ihren fünfundfünfzigsten Geburtstag und möchte ich

derselben gerne eine Freude machen. Sie ist hier im Hause als Schwester angestellt und hat sehr abgenommen. Leider gibt es für Schwestern in Blockhäusern keinen Nachschub oder doppelte Rationen, und darum möchte ich nicht mit leeren Händen an ihrem Geburtstag dastehen, es wäre das erste Mal nach 55 Jahren. Darf ich nun meine Wünsche äußern? Zucker, Margarine, Grieß, Mehl, Nudeln, Haferflocken, Bouillonwürfel, Suppenwürfel, Mohrrüben, etwas gelbe Kohlrüben, Knoblauch und Zwiebel. Gibt es Trockenmilch? Es ist selbstverständlich, daß ich die Punkte, die für Lebensmittel ausgesetzt sind, dann Ihnen zurücksenden werde."

Fleischmanns anschließender Kommentar in seinem Tagebuch:
„Ich habe ihn gelesen und gelacht. So ist der Humor im Ghetto. Neben den normalen Schiebereien, Enten, Witzen, Plänkeleien gibt es Humor von dieser Chaplinschen Art, traurig, aber umso charakteristischer. Hier ist alles traurig. Ich gehe ins Büro zurück und diktiere auf die Schnelle einen Brief an Hilda Wiener, wohnhaft in E 225, in dem ich im Namen des Gesundheitsheitswesens ihrer 55-jährigen Tochter (wie alt muss ihre Mutter

Theresienstadt heute

215

sein) gratuliere, mit Bedauern teile ich jedoch mit, dass wir keine Genussmittellager haben und dass wir keine Möglichkeit haben, etwas von den erbetenen Dingen zu beschaffen."

War es Humor? War es Naivität? Zwischen Doris, Marion und mir entstand eine lebhafte Diskussion. „Ein absurder Brief in einer absurden Zeit", meinte Doris. Sie war davon überzeugt, dass der Brief in der ernsthaften Hoffnung auf Hilfe geschrieben war. Hat Omutti wirklich geglaubt, solche Wünsche anmelden zu können? Das konnte ich mir bei dem Realitätssinn meiner Großmutter nicht vorstellen. Ich zog es vor, an ihren Humor zu glauben.

Ich fragte Doris, ob die heutigen Besucher vorbereitet sind, wenn sie nach Theresienstadt kommen. Alles sieht heute so schrecklich normal aus in diesem kleinen sauberen Städtchen, wo Besucher in hübschen Cafés sitzen und etwas essen. Wissen diese Leute, was hier einmal wirklich geschehen ist? Doris: „Die meisten Besucher wissen es schon. Andererseits hat das frühere kommunistische Regime in der Tschechoslowakei die Tatsache, dass es sich hier um ein jüdisches Ghetto gehandelt hat, weitgehend vertuscht. Bis vor zehn Jahren war für Besucher nur die Kleine Festung zugänglich."

Obwohl Theresienstadt kein Vernichtungslager war wie Auschwitz, Maidanek und andere im besetzten Polen, sind hier an die 35 000 Menschen umgekommen durch Hunger, Entkräftung, Epedemien, Selbstmord. Im Archiv fanden wir das Geburtsdatum meiner Großmutter vermerkt: 23. Juli 1864, und das Datum ihrer Einäscherung: 26. Juli 1944.

Im November 1944 ordneten die Nazis an, alle Urnen zu beseitigen, die im Kolumbarium (Urnenhalle) aufbewahrt worden

waren, und die Asche in die Eger zu werfen, um die überwältigende Zahl der Toten zu verbergen.

Ich stand am Ufer der Eger. Hier wurde die Asche von Tausenden von Juden hineingeworfen. Hier nahm ich Abschied von Omuttis Asche.

Anmerkungen: Meine Spurensuche in Berlin-Grunewald und Theresienstadt wurde vom WDR für das Fernsehen aufgezeichnet. Für die Idee und Durchführung des Projekts möchte ich an dieser Stelle der Dokumentaristin und Journalistin Marion Schmidt herzlich danken. – Alle hier zitierten Erinnerungen von Überlebenden sind dem ausgezeichneten Aufsatz von Anita Tarsi: „Das Schicksal der alten Frauen aus Deutschland im Ghetto Theresienstadt" im Jahrbuch „Theresienstädter Studien und Dokumente 1998" entnommen.

Raum der Stille

Es sind jetzt mehr als 60 Jahre vergangen, seit ich kurz vor meiner Auswanderung im Januar 1938 meine letzten Fotos vom Vorkriegs-Berlin knipste, unter anderem eines vom Brandenburger Tor. Alle Berliner kennen dieses Wahrzeichen der alten und neuen Hauptstadt und fast jeder Besucher fotografiert es. Einige wissen sogar, dass die Weltgeschichte schon seit zweihundert Jahren durch dieses Tor marschiert ist: so Napoleon 1806 im Triumphzug; 1871 der siegreiche Bismarck; 1914 Kaiser Wilhelm II. hoch zu Pferde vor seinen Truppen; 1918 betrogene, verwundete, verkrüppelte Soldaten ohne Kaiser und ohne Pferde; 1933 Hitler und Hindenburg unterm Hakenkreuz; 1945 die sowjetischen Eroberer; dann jahrzehntelang niemand mehr, denn das Brandenburger Tor lag genau auf der Sektorengrenze im geteilten Berlin.

Heute, anno 2001, bummeln mit Kameras bewaffnete Touristen aus aller Welt, strampeln klingelnde Radfahrer und rollen hupende Autos und große Sightseeing-Busse durch das renovierte Tor. Als ich genug hatte vom Getöse und Gewimmel, entdeckte ich am nördlichen Torhaus etwas völlig Unerwartetes: eine Tür mit der Aufschrift „Raum der Stille". Ich öffnete die schlichte Tür und erkundigte mich leise bei einem Betreuer im Vestibül nach dem Zweck des Raumes. Er besteht, wie ich erfuhr, seit Oktober 1994 und wurde von einem Förderkreis „Raum der Stille in Berlin e. V." mit Unterstützung des Berliner Senats eingerichtet, um die ursprüngliche Bestimmung des Brandenburger Tors als „Friedenstor" wieder aufleben zu lassen. „In diesem Raum sind", so steht es auf einem Handzettel geschrieben, „alle – Frauen wie Männer, gleich welcher Herkunft, Hautfarbe, Religion und Weltanschauung – eingeladen, um mitten in der Hektik der Großstadt für eine Weile still werden und sich besinnen zu können. Damit soll zugleich ein Zeichen gegen Gewalt und Fremdenfeindlichkeit und für Geschwisterlichkeit gesetzt und so Toleranz – namentlich unter den Religionen und Völkern – gefördert werden." Im Raum ausgelegt ist auch das „Gebet der Vereinten Nationen":

HERR,
unsere Erde ist nur ein kleines Gestirn
im großen Weltall.
An uns liegt es,
daraus einen Planeten zu machen,
dessen Geschöpfe nicht mehr von Krieg
gepeinigt,
nicht mehr von Hunger und Furcht gequält,
nicht sinnlos nach Rasse, Hautfarbe und
Weltanschauung
getrennt werden.
Gib uns Mut und Kraft,
schon heute mit diesem Werk zu beginnen,
damit unsere Kinder und Kindeskinder
einst mit Stolz den Namen
„MENSCH"
tragen.

Wird die Menschheit die Botschaft der Stille im Brandenburger Tor hören? Ich habe Hoffnung, aber noch mehr Zweifel.

Let us never forget the victims of terror. New York, September 11th, 2001.

Wanda und ich bedanken uns
bei Gisela Kayser für ihre Unterstützung beim
Zustandekommen dieses Buches und die engagierte Gesamtbetreuung,
bei Dagmar Friedrich für das bereichernde Lektorieren des Textes
und bei Vera Pechel für die Gestaltung des umfangreichen Layouts.

Weitere Publikationen von Henry Ries

German Faces. Interviews and Portraits, New York 1950; 1951
bei Reader's Digest weltweit erschienen. In deutscher Sprache
erschien das Buch unter dem Titel *Deutsche, Gedanken und
Gesichter 1948 - 1949* im Argon Verlag, Berlin 1988.

Berlin vor 25 Jahren. Fotos aus der Zeit der Berliner Blockade,
Katalogbuch zur Ausstellung in der Landesbildstelle Berlin, 1973.

Berliner Galerie. Porträts, Aussagen, Einsichten zur Berliner Mauer,
Ullstein Verlag, Berlin 1981.

Photographien aus Berlin, Deutschland und Europa 1946 - 1951,
Katalogbuch zur Ausstellung der Photographischen Sammlung
der Berlinischen Galerie im Martin-Gropius-Bau, Berlin 1988.

Menschen im zerstörten Anhalter Bahnhof, herausgegeben vom
Museum für Verkehr und Technik Berlin, 1990.

Abschied meiner Generation. Interviews und Photographien,
Argon Verlag, Berlin 1992. Als Lizenzausgabe auch in der
Büchergilde Gutenberg erschienen.

Auschwitz. Prüfstein des deutschen Gewissens, Aufbau Verlag,
Berlin 1997.

Berlin. Photographien 1946 - 1949,
Nicolaische Verlagsbuchhandlung, Berlin 1998.